Mission
Spaciale

Imprimé originellement en suédois.

Première édition 2021.

Titre anglais: *Mission Space*

Traduit en français par Benjamin Simon

Autres livres en français par Mariana Stjerna:
Agartha - Le Monde au creux de la Terre (2020)

Autres livres en anglais par Mariana Stjerna:
On Angels' Wings
Time Journey to the Origin and the Future
The Bible Bluff
The Invisible People
Agartha – The Earth's Inner World

SoulLink Publisher
www.SoulLink.se
info@SoulLink.se

Mariana Stjerna

Mission Spaciale

Commencant à Agartha

SoulLink Publisher

Jan Fridegård (1897-1968) a grandi comme ouvrier agricole et a touché à plusieurs professions avant ses premiers écrits: One Night in July (1933). Sa trilogie de romans autobiographiques sur Lars Hård est peut-être sa meilleure œuvre. La mort de son père a éveillé en lui un intérêt particulier pour le surnaturel, qui s'est reflété dans The Tower Rooster (1941).

Contenu

Préface

Je n'avais pas l'intention d'écrire d'autres livres sur Jan et Lydia. Lorsque la version suédoise du livre *Agartha - The Earth's Inner World* (www.soullink.se) est sortie, j'avais déjà sensibilisé mes lecteurs aux profondeurs de la Terre et à l'abondante richesse de ce royaume, appelé Agartha. Je ne peux naturellement pas, en tant qu'auteur, présenter une preuve absolue de l'existence de ce lieu, même si certaines personnes de notre époque vivant sur Terre, prétendent y avoir réellement été.

En outre, l'équilibre d'Agartha risquerait d'être compromis si la toute la population de la Terre prenait soudainement conscience de son existence, car, malheureusement, nous, les humains, considérons généralement tout ce qui nous est étranger comme une menace potentielle. Ce comportement malsain doit être changé de manière calme et amicale, sans disputes excessives ni déni dogmatique.

Le livre *Mission Spaciale* a été créé spécifiquement pour mettre en lumière le fait qu'il existe dans l'Espace des civilisations avancées et cultivées qui aimeraient entrer en contact avec la Terre afin de nous apprendre comment améliorer notre vie par l'amour, la coopération, la lumière et l'harmonie. Ces derniers sont en fait des éléments essentiels, qui manquent cruellement sur notre chère planète, et que nous devons désespérément apprendre à développer.

Je pensais que ce livre allait être une sorte d'adieu à Jan Fridegård, mais je m'étais trompé, car j'ai aussi été inspiré pour écrire un autre manuscrit: "Visiting Unknown Worlds -

An Exploration of My Inner Space." Il parle de mes expériences concernant mon propre espace intérieur et comprend même un peu de contenu autobiographique. Cependant, Jan et Lydia ont refusé d'accepter d'autres œuvres, préférant laisser la priorité à d'autres sujets. C'est donc avec un certain regret que mes livres inspirés de Jan arrivent à leur terme. De plus, cet auteur avoue avoir atteint un âge vénérable qui ne permet plus à la plume de glisser sur le papier aussi souplement qu'autrefois.

Je tiens enfin à remercier chaleureusement tous mes lecteurs pour avoir si fidèlement lu mes livres. Peut-être que nos chemins se croiseront à nouveau dans une autre dimension... ou devrais-je dire, sur une autre fréquence. D'ici là, chers lecteurs, promettez-moi que vous vous efforcerez de ne pas avoir peur. La peur détruit toute bonté en nous et tout nous avons réussi à construire au fil des ans. La peur éradique nos possibilités de trouver la vraie béatitude, la foi et l'amour - surtout l'Amour. Il n'y a vraiment rien à craindre - sauf si vous tombez sur un lion affamé la nuit en plein milieu des bois ... alors évitez cela!

Avec un sourire au coin des lèvres et un œil malicieux, je vous dis: "Adieu!" Mais, on ne sait jamais, cela peut vouloir dire "Jusqu'à ce qu'on se retrouve!"

Mariana Stjerna

1. La Mission

Jan Fridegård s'adressant Mariana:

<Jan> "Bonjour, bonjour; es-tu là?"

<Mariana> "Oui, oui! Où étais-tu? J'ai écrit un livre sur Agartha - cette fois sans toi à mes côtés! Tu m'as tellement manqué!"

<Jan> "Je suis heureux de l'entendre! Pour l'instant, je suis ici. Moi aussi, j'ai été à Agartha; j'ai vécu une expérience extraordinaire là-bas. Sirius était aussi extraordinaire, je peux te le dire! J'avais été envoyé en mission à la fois sur Sirius et sur les Pléiades, mais surtout sur Andromède. Alors, qu'en penses-tu?"

<Mariana> "S'il te plait Jan, parle! Raconte tout! Allons-nous écrire un nouveau livre, ton cinquième?"

<Jan> "Exactement, ma chère médium. Une fois de plus, il est temps... J'ai vraiment beaucoup de choses à te raconter."

<Mariana> "Est-ce que nous y arriverons à temps? Je veux dire, avant que le Monde ne s'écroule?"

<Jan> "Nous ne pouvons qu'essayer. Tu sais que le rythme devient plus rapide quand j'ai beaucoup de choses à raconter! Le monde va continuer à exister encore un peu, mais pour l'instant, ce sont les lecteurs qui sont primordiaux. Ils continueront aussi à vivre - et quand le danger sera là, je ne manquerai pas de crier qu'il sera temps de fuir. Alors tend

l'oreille et écoute bien ton vieil ami"

<Mariana> "Mais je suis actuellent entrain d'écrire un livre pour enfants sur Agartha."

<Jan> "Ça ne peut pas attendre un peu? Je ne sais pas combien de temps il me sera permis de rester sur cette longueur d'onde, alors j'aimerais vraiment commencer MAINTENANT. En fait, ma chère Mariana, nous avons déjà commencé!"

Comme d'habitude, moi, Jan, j'avais été appelé chez mon très cher ami, Melchizedek. Je ne peux pas dire quand exactement, par rapport à notre concept terrestre du temps, puisque le temps n'existe pas et ne peut pas être mesuré dans d'autres mondes. Je me contenterai de dire que j'étais en train de me détendre dans mon agréable jardin, en faisant une sieste bien méritée dans mon fauteuil. J'appréciais la musique sphérique céleste, qui vibrait dans l'air calme et doux de l'environnement tranquille que j'avais moi-même créé et que j'appelais mon "chez moi". Mais lorsque le devoir m'appelle, le réveil est brutal, comparable au fracas des tambours et des trompettes. Cette interruption brutale a été provoquée par Lydia, esprit par ailleurs si discret, si doux et si aimable, qui est arrivé en compagnie de quelques enfants-anges qui tapaient sur divers instruments, sans doute dans le but de m'ennuyer.

Lydia, qui semble devenir de plus en plus belle à chaque fois que je la vois, a pris mes deux mains et m'a hissé sur mes pieds en disant: "Jan, nous allons nous lancer dans une nouvelle aventure ensemble. Melchizedek nous informe que nous devons nous dépêcher de le rejoindre. Comme vous le savez, c'est urgent dans le monde des esprits!"

Une cascade de rires suivit ce dernier tandis qu'elle faisait signe aux enfants-anges de partir. Une seconde plus tard, le grand Maître Melchizedek se tenait devant nous. Il nous embrassa chaleureusement et nous indiqua que nous devions nous asseoir face à lui.

"Bienvenue, mes chers aventuriers!" a-t-il gentiment annoncé. "J'ai une mission qui conviendra parfaitement à vous deux à vous confier. Il s'agit d'une mission dans un endroit extraordinaire qui ne figurera pas sur les cartes humaines de la Terre. Je pense à vous envoyer tous les deux sur Agartha, dans le Monde Intérieur de la Terre, qui existe très certainement à la fois sur le plan physique et non physique. J'ai besoin de votre aide à ces deux niveaux, ce qui implique que vous devez être capables de matérialiser et dématérialiser rapidement vos corps entre les états physique et non physique. Cela peut aussi impliquer un voyage à Sirius B et aux Pléiades. La peur et la résistance ne sont pas autorisées, ce qui va de soi pour vous deux. L'aventure commence immédiatement après que vous vous soyez informés de la nature et du but de la mission."

Pourquoi protester? Cette mission semblait être faite sur mesure pour nous. Nous étions tous les deux très fiers d'avoir été choisis pour participer à ce genre de chose. C'est donc avec joie et excitation que nous avons reçu la nature et le but de notre mission. Et maintenant, mes chers lecteurs, vous allez me rejoindre pour des voyages à couper le souffle, à la fois sur Terre et dans la galaxie! Bienvenue!

2. Bienvenue à Agartha!

"Naturellement, je connaissais l'existence d'Agartha, mais je ne me suis jamais trop attardé sur cette pensée", ai-je expliqué à Lydia, une fois que nous avions reçu toutes les informations et les instructions nécessaires. Nous nous sommes pris la main et nous nous sommes retrouvés au milieu de mon beau jardin, où le chant des oiseaux était presque assourdissant. Nous avions décidé de commencer par Agartha, c'est donc à Agartha que nous sommes allés.

Lorsque nous nous transportons, et quelle que soit la distance, un court instant suffit. Nous fermons simplement les yeux, et nous les rouvrons rapidement! C'est à peu près tout! Mais les lecteurs penseront sûrement que c'est de la magie, si bien que je regrette de ne pas être en mesure de donner un compte rendu détaillé d'un vol aussi rapide. Lydia se tenait devant moi dans sa robe bleue pâle, longue et flottante, avec un bandeau bleu et argent dans les cheveux, portant des bijoux raffinés et éblouissants, comme l'instant d'avant. Il semblait que moi aussi, j'avais la même allure dans ma courte tunique blanche avec une ceinture dorée et un pantalon blanc ajusté. Cela se lisait dans ses yeux pleins de bonheur. Cependant, notre environnement était entièrement nouveau.

Nous nous tenions sur un talus, ou une petite colline. Juste en dessous de nous se trouvait un petit village, encastré parmi de nombreux arbres. Les maisons étaient rondes et singulièrement construites, brillantes de pierres précieuses, tout comme les chemins étroits qui se faufilaient entre elles. Un peu plus loin, nous pouvions voir un eau chattoyante, éclaboussée par le soleil et sentimes la chaleur délicieuse du soleil pénétrer dans nos corps.

Apparemment, nous avions des corps physiques, et c'était de toute évidence propre à une partie d'Agartha.

L'historienne Lydia s'est alors dit: "Ce n'est pas possible que ce soit la capitale d'Agartha. Ce doit être un village à la périphérie de Telos, la ville située le plus près de la surface de la Terre. C'est là que vont les humains de la surface, s'ils atterrissent en dessous. Nous avons appris qu'il y avait beaucoup de chemins qui descendaient ici. Je crois que c'est près de la grande entrée du Mont Shasta, car c'est très proche de notre nature. Il suffit de regarder les arbres et le lac scintillant là-bas."

"Eh bien, peut-être pas les maisons, mais peut-être cette merveilleuse nature, sans les pierres précieuses," ai-je concédé. "Nous n'utilisons pas les pierres précieuses partout comme cela."

"Elles sont ici en grande abondance," nous informa mon compagnon de voyage avec grand sourire. "Les montagnes en regorgent. On y va, feignasse? Nous ne sommes pas là uniquement pour rester plantés là à regarder. Tiens, voilà un escalier. Comme si d'autres marchent souvent par ici."

L'escalier avait même une rampe. Les marches semblaient être taillées dans la roche, et des arbustes denses poussaient des deux côtés, jusqu'en bas. Certains buissons étaient en fleurs et d'autres contenaient des baies. Nous descendîmes sur la pointe des pieds, buvant le parfum estival apaisant des arbustes et nous prélassant dans la beauté tranquille qui nous enveloppait.

En arrivant au bas des marches, nous avions trouvé sur une sorte de grande cour de marbre qui menait directement au village. Il n'y avait qu'une seule sortie, il suffisait donc de suivre le chemin qu'elle prenait. Nous n'avons vu personne, mais les maisons semblaient plus hautes que lorsqu'on les voyait d'en haut. Ce qui était le plus étrange, c'était non seulement leur forme ronde, mais aussi le fait qu'elles n'avaient pas de toit.

Lydia a tendu les bras et a commencé à danser. En fredonnant un air joyeux, elle m'a entraîné dans sa danse. Le marbre lisse de la cour, ou de la terrasse, était particulièrement propice à la danse. Or nous avons vite été interrompus par une voix claire, disant: "Qu'est ce qu'il se passe par ici? Ce n'est pas le moment de danser. En plus, nous ne pouvons pas danser ici. Qui êtes-vous? Êtes-vous descendu du sommet de la colline?"

Nous nous étions alors arrêtés brusquement. La voix stridente appartenait à une jeune fille, presque une enfant, peut-être âgée d'une douzaine d'années. Elle était grande et mince, avec des cheveux ondulés presque blancs, qui flottaient dans la douce brise d'été. Son visage était magnifique et lorsqu'elle souriait, elle exposait une rangée parfaite de dents blanches comme des perles. Elle portait une jupe rose à volants avec un chemisier assorti et chatoyant. Elle parlait dans une langue que nous comprenions, comme d'habitude lorsque nous étions en voyage.

"Nous sommes désolés si notre présence ici n'est pas autorisée", m'excusai-je, en m'inclinant courtoisement. "Nous venons d'une terre étrangère, une autre planète, et je voulais juste visiter les environs."

"Nous avons beaucoup entendu parler de votre beau pays et nous étions plutôt curieux de le voir; nous venons à peine d'arriver," a ajouté Lydia en se hâtant. "Nous aimons danser. Chaque fois que je vois quelque chose de beau, cela me donne envie de chanter et de danser."

"On dirait que vous êtes l'une des nôtres," dit la jeune fille en riant. "Je m'appelle Nelsea. J'habite là-bas!" Elle a indiqué la maison la plus proche. "Venez avec moi faire la connaissance de mon père et de ma mère. Vous avez sûrement faim si vous avez voyagé longtemps."

Au moment où elle a prononcé le mot "faim", j'ai immédiatement ressenti la faim et la soif. Cela indiquait que nous disposions maintenant de corps humains et que c'étaient des humains que nous rencontrions. Melchizedek savait en effet où il nous avait envoyés. Lydia me fit un clin d'œil; elle était manifestement consciente de la situation, elle aussi. Nous avons suivi la jeune fille jusqu'à la maison derrière elle, laquelle avait une démarche particulièrement captivante et légère.

"Mon Dieu, comme vous marchez fermement sur le gravier!" s'exclama Nelsea en nous regardant. "Vous n'avez pas le droit de faire ça; on peut aisément dire que vous ne venez d'ici. Quelle chance que la marche ait été si courte!"

Lorsque nous sommes arrivés devant la maison, la porte d'entrée était ouverte. Elle ressemblait à une porte parfaitement ordinaire, faite d'une sorte de matériau transparent de couleur claire. Je n'ai pas eu le temps de faire une vérification approfondie que nous nous retrouvions à l'intérieur de la plus étonnante des maisons. Il n'y avait ni hall d'entrée, ni garde-robe. Il n'y avait qu'une seule grande pièce, une énorme pièce circulaire. Le plafond était très haut, puisqu'il n'y avait pas de toit. La pièce circulaire n'avait pas de murs de séparation intérieurs, mais quelques zones étaient séparées par des sortes de cloisons. Nelsea nous a conduits vers une pièce qui semblait très confortable. Elle était également faite d'un matériau indescriptible. Deux personnes étaient assises là, vraisemblablement les parents de Nelsea. Ils se sont immédiatement levés lorsque nous sommes apparus. Nelsea avait plutôt l'air de flotter que de marcher vers eux.

"J'ai trouvé ces deux personnes sur le plateau," explique-t-elle. "Ils viennent de la Terre de la surface et d'une autre planète; de l'espace peut-être."

J'ai scruté les parents de Nelsea tandis que nous les avons salués chaleureusement avec des sourires, qui ont été instantanément réciproques. La femme a pris Lydia dans ses bras et l'homme m'a embrassé. Son corps était ferme et musclé, comme un être humain ordinaire.

"Bienvenue à Agartha, sous le Mont Shasta, dans la ville de Telos!" dit-il. "Nous sommes habitués à recevoir des visiteurs, car nous vivons au plus près de la surface de la Terre. Je m'appelle Boron et voici ma femme, Tulli."

Tous deux étaient extrêmement grands et semblaient très jeunes, bien trop jeunes pour avoir une fille de douze ans. Boron devait mesurer presque deux mètres; il avait la peau claire et les cheveux bruns bouclés. Tulli était juste un peu plus petite que Boron, avec des cheveux longs, droits, épais et clairs qui pendaient en une épaisse tresse tout le long de son dos.

Leurs vêtements étaient simples et coupés droit, un peu comme des chemises, mais ils portaient tous deux les bijoux les plus élégants qui soient. Ils nous ont demandé de nous asseoir sur l'un des canapés verts.

"Le Pèlerin!" s'exclamait Madame Tulli et me fixait du regard. "Imaginez que celui qui se fait appeler Jan soit le Pèlerin!"

"Si c'est le cas," apaisa son mari, "il n'aurait pas de compagnie féminine. Je n'ai jamais entendu dire que le Pèlerin ait voyagé avec quelqu'un d'autre que lui-même, bien qu'il ait apparemment un chien avec lui. Ma chère épouse, nous avons des visiteurs de l'espace, ici, dans la Terre Intérieure. Nous devons donc être heureux et reconnaissants et ne faire aucune allusion au Pèlerin. Certes, il n'a fait que des bonnes choses jusqu'à présent, mais on ne sait jamais ...”

"Puis-je demander qui est le Pèlerin?" Je me suis renseigné, sentant l'importance de la question.

Le couple se regarda attentivement pendant que Nelsea se recroquevillait dans son fauteuil. Finalement, Boron a répondu: "Il se fait appeler le Pèlerin, et nous ne le connaissons sous aucun autre nom. Il se promène dans tout Agartha et commence à être bien connu de tout le monde. Ce n'est pas une mauvaise personne; au contraire, il est très sage et bon, mais il ne reste jamais au même endroit bien longtemps. Il a guéri beaucoup de personnes qui avaient besoin d'aide, car même si nous n'avons ni peste ni maladie, les accidents arrivent, tout comme ils arrivent là-haut." Il a pointé vers le haut, vers le grand trou où le toit aurait normalement dû se trouver. "Il explique à ceux qui ne comprennent pas les choses et informe ceux qui n'ont pas entendu. Il apparaît généralement soudainement là où on a le plus besoin de lui. Beaucoup l'ont vu errer dans nos rues, sans que ses pieds touchent le sol. Naturellement, nous sommes très curieux de savoir qui il est vraiment."

"S'est-il simplement présenté ici un jour?" s'est interrogée Lydia.

"Oui," répondit Tulli, "c'est précisément ce qu'il a fait. Un enfant est tombé dans un précipice en jouant à un jeu un peu sauvage. La pauvre petite chose était couchée au fond du ravin, immobile. Elle avait une vilaine blessure à la tête qui saignait abondamment. Tout à coup, il était là, le Pèlerin. Il a touché l'enfant et le saignement a immédiatement cessé. Peu de temps après, la jeune fille a pu se lever et marcher. Mais le Pèlerin avait déjà disparu avant qu'elle ne puisse le remercier. Des choses similaires se sont produites à plusieurs endroits."

"On dirait que c'est un homme très bien," ai-je commenté. "Il pourrait être un grand Maître déguisé, errant, et faisant le bien."

"Ou un espion faisant le bien alors qu'il nous espionne vraiment," a contesté Nelsea. Son père a levé un doigt d'avertissement.

"Ici, nous pensons du bien de tout le monde," a-t-il déclaré avec gravité, "jusqu'à ce que nous soyons capables de prouver le contraire. Mais cela suffit, car vous avez encore la possibilité de vous promener dans notre belle contrée, que je vous montrerai volontiers. Quand nous aurons mangé, je vous guiderai, si vous êtes d'accord."

Lydia et moi avons accepté cette proposition avec gratitude. Madame Tulli a servi un délicieux plat de légumes avec du pain fait maison (dans quel monde quelqu'un fait-il son propre pain?). Nous n'avons pas porté de bagages, car nous étions doués pour la précipitation, c'est-à-dire pour acquérir ce que nous voulions par la force de la pensée. Nelsea nous a demandé la permission de nous rejoindre, et une fois le repas terminé, nous nous sommes retrouvés à monter dans l'un des véhicules bien connus d'Agartha, quelque chose comme une sorte de voiture décapotable sans roues, appelée aéroglisseur, et il planait certainement très bien!

3. Direction Porthologos en Aéroglisseur

Je suis habitué à planer Sur les Ailes d'Ange, en revanche cette expérience était entièrement nouvelle pour moi. Elle ne donnait ni la sensation d'un avion ni celle d'un hélicoptère, mais peut-être que c'était un peu comme de voyager près du sol dans une montgolfière. Nous étions assis dans une petite cabine avec six sièges étroits et rembourrés, tournés dans le même sens, disposés en trois ou deux rangées, assis l'un derrière l'autre. Au-dessus de nous, il y avait un toit pliant qui pouvait être replié en cas de mauvais temps, même si la plupart du temps il faisait beau. Ce jour-là, le soleil brillait et l'eau calme et bleue saphir qui se trouvait sous nous scintillait comme si elle était parsemée de millions de diamants. L'aéroglisseur planait au-dessus de celle-ci, se soulevant de temps en temps pour éviter une vague soudaine qui perturberait la surface.

Le lac sur lequel nous avons navigué n'était pas grand, ou du moins on pouvait voir la rive dans toutes les directions, et nous nous sommes rapidement retrouvés juste au-dessus d'une plage très étendue. Les dunes de sable montaient et descendaient tellement que notre véhicule restait à deux mètres au-dessus d'elles. Les coquillages et les petites créatures se déplaçaient comme des motifs dans le sable, mais lorsque j'ai levé les yeux, je pouvais voir une forêt verdoyante devant nous, ce qui indiquait que le paysage marin touchait à sa fin. Cela me rendait heureux, car je suis un incorrigible terrien et je n'ai jamais vraiment compris le désir des autres pour la mer. Peut-être mon éducation en tant que garçon de ferme dans ma dernière incarnation humaine explique cela. Je me sens toujours très à l'aise dans les zones agricoles à la campagne, parmi les vaches, les moutons et les chevaux. J'adore l'odeur des étables et la brise fraîche des prés pendant la récolte, entrecoupée de bleuets et de coquelicots. Bref, Jan le fermier fait toujours partie de moi, et se promène dans la cour de la ferme avec de solides sabots en bois, comme les elfes dont parlait maman.

Boron, qui était assis derrière moi, s'est penché en avant et m'a tapoté l'épaule. "Nous sommes en route pour notre prestigieuse bibliothèque, située à plusieurs kilomètres sous le sol que vous voyez ici. Elle s'appelle Porthologos et est réputée pour contenir toutes les connaissances qui existent."

J'étais silencieux. Cela semblait un peu vantard, mais Lydia a immédiatement bavardé, posant une masse de questions: "À quoi ressemble la bibliothèque? Contient-elle tous les livres du monde, dans toutes les langues? Même l'indien? L'anglais? Suédois? Y a-t-il des dictionnaires dans toutes les langues? Et peut-on emprunter des livres, comme en surface?"

"Nous ne prêtons pas de livres comme vous le faites," dit Boron en souriant. "Tout simplement parce qu'ici les livres ne veulent pas dire la même chose que ceux auxquels vous êtes habitués. Même s'il y a des livres, vous ne les trouverez pas sur des étagères. Ils ne peuvent être fournis qu'à la demande. La bibliothèque transmet la connaissance d'une manière différente, mais vous verrez et comprendrez cela très bientôt."

L'aéroglisseur avait ralenti et était sur le point d'atterrir. Il a atterri en douceur et avec grâce, comme si on posait un objet fragile sur une table. Nous nous sommes rapidement retrouvés dans un bosquet avec de grands arbres florissants et somptueux, et devant nous se trouvait une montagne - ou du moins quelque chose qui ressemblait à une montagne, même si par endroits elle brillait de mille feux avec ses précieux joyaux. On y voya alors une porte s'ouvrir, et Boron nous fit signe de sortir de l'aéroglisseur et de le suivre. La porte semblait être faite de troncs d'arbres disposés à l'horizontale, ce qui la faisait se fondre dans le reste de la forêt. Elle ne devait pas être très lourde, car lorsque Nelsea est arrivée en courant, elle s'est facilement ouverte. Je suppose qu'elle a dû appuyer sur un bouton quelque part.

J'ai pris la main de Lydia et je me suis approché de la porte. Boron nous avait devancés, descendant un escalier de pierre jusqu'à un hall avec plusieurs portes. Nous avons suivi, et j'ai entendu les rires endiablés de Nelsea derrière nous. Je me suis demandé si nous n'étions pas en train de nous faire piéger - ce qui était probablement une pensée interdite dans cet endroit.

"J'espère que vous n'avez pas peur," taquinait Boron en riant alors qu'il ouvrait une porte. "Je peux vous assurer que c'est un endroit charmant - c'est comme un cinéma, en fait."

"Vous semblez en savoir beaucoup sur le monde d'en haut," j'ai alors répondu.

"Je l'ai visité plusieurs fois," a-t-il répondu. "Mais je sais que vous n'êtes pas de là-bas. Je me demande de quelle planète vous venez."

"Nous venons en fait d'une autre dimension," répondit Lydia. "Mais nous avons tous deux vécu des vies à la surface avant d'y exister. Maintenant, nous allons tous les deux découvrir de nouveaux endroits que les êtres humains devraient connaître. Ils refusent de reconnaître Agartha et ils nient l'existence de toute forme de vie dans l'Univers, autre que la leur sur Terre. C'est notre tâche de changer leur attitude. Pouvez-vous nous aider?"

"Je peux certainement vous montrer les environs et

quelques autres endroits proches de Telos, mais Agartha est divisée en différentes zones, où existent des êtres à la fois en trois et en cinq dimensions. Nous sommes en trois dimensions pour l'instant, de notre propre gré. Telos est une sorte de pont vers la surface de la Terre, et contient un grand mélange d'êtres humains, dont la plupart sont, bien sûr, des Agarthiens, nés et élevés ici. Cependant, nous en savons probablement plus que vous sur l'espace extra-atmosphérique. Allez-y et vous comprendrez mieux."

Il indiqua avec sa main une porte ouverte, par laquelle nous entrâmes. Nous Nous retrouvâmes alors devant une sorte d'amphithéâtre. Boron a poursuivi sa visite guidée.

"Ce que vous voyez ici est un livre d'histoire!" expliqua-t-il avec exultation. "Y a-t-il quelque chose en particulier que vous souhaitez savoir?"

"Oh oui, en effet!" s'écria Lydia l'historienne, sautant de joie. Boron nous a conduits au premier rang, en plein devant la grande scène. "Je me suis toujours demandé comment s'était passé la première rencontre entre Cléopâtre et Antony, ces amoureux si passionnés!"

Je me suis alors dit que c'était du typique de Lydia! Il fallait que ce soit autour l'amour. Mais j'ai à peine eu le temps d'y réfléchir que l'immense scène qui nous entourait s'est soudain remplie de vagues qui clapotaient doucement, de vents qui soufflaient, d'un soleil glorieux sur une eau scintillante, de musique et de chants. Un magnifique sloop avançait lentement. C'était exactement le même type de voilier à un mât que j'avais vu dans les livres d'histoire. Les voiles dorées étincelantes et les coussins rouges ondoyants donnaient l'impression d'une beauté presque infinie, s'étendant avec grâce. Je me suis dit qu'il y avait bien sûr Cléopâtre. Ses vêtements étaient clairsemés, mais ses longs cheveux noirs brillants étaient disposés de manière vraiment magnifique, avec des rubans de perles et d'or, et toutes sortes de choses qu'un homme simple est incapable de décrire de nos jours.

Pour mon plus grand plaisir, sa robe était plissée, mais transparente. Lydia a tiré sur ma manche de chemise et a murmuré: "Ne regarde pas!" Mais bien sûr, je l'ai fait.

Un autre sloop s'est approché de nous, venant de la direction opposée. Il avait l'air plus militaire et se trouvait dans un convoi composé de plusieurs autres navires. A l'avant se tenait un homme athlétique, qui manifestement était Mark Antony. Il était extrêmement beau, me disais-je, avec ses cheveux bruns foncés, longs jusqu'aux épaules. Il portait aussi une cape dorée et avait des traits réguliers, un nez droit mais puissant, et des yeux marron foncé. Il était plus ou moins comme on l'imaginait. Les deux sloops se sont rencontrés et se sont rattrapés. Antony sauta sur la belle Cléopâtre, tombant à genoux devant elle - elle était, après tout, une reine.

La scène s'est volatilisée aussi vite qu'elle était apparue, et il en était de même pour les personnes qui semblaient vivants.

"Ce sont des images holographiques," a expliqué Boron. "Votre espèce n'est pas encore aussi avancée, mais nous disposons de cette technologie depuis des centaines d'années."

"En d'autres termes, vous êtes un peu en retard," a gloussé Nelsea. Son père lui lança un regard d'avertissement.

"Vous pouvez voir toutes les images historiques que vous voulez," a-t-il poursuivi. "J'aimerais vous montrer comment. Les enfants et les jeunes reçoivent également une éducation holistique, mais il y a aussi un narrateur d'histoire dans l'image."

"Cela semble être très amusant d'aller à l'école ici," a

déclaré Lydia, en soupirant. "Je pense à notre méthode d'éducation qui est fastidieuse, utilisant des livres débordant de dates à mémoriser."

"Nous allons passer à autre chose," dit Boron, qui s'était déjà levé et avait commencé à monter l'escalier qu'il avait précédemment descendu. Nous avons suivi derrière lui, avec Nelsea qui sautillait comme un petit faon.

Lorsque nous sommes arrivés dans le hall muni de plein de portes, Nelsea en ouvrit joyeusement une, qui donnait cette fois sur un jardin. Il y avait des tables et des chaises, et Boron nous a invités à nous asseoir.

"Vous avez vu comment l'enseignement est mené ici," nous a-t-il dit. "En ce qui concerne la zoologie, nous avons un magnifique zoo qui abrite toutes sortes d'animaux, même les plus dangereux."

"Avez-vous des dragons?" interrompit Lydia, les yeux brillants, et je me suis approché d'elle. C'était une question passionnante à poser.

"Bien sûr," répondit Boron, tout à fait imperturbable. "Nous avons des dragons aussi bien au zoo que dans la nature. Quand ils ont été chassés en surface, presque jusqu'à l'extinction, ils ont fui ici. Nous avons formé des dresseurs et des cavaliers dragons, et par conséquent ils sont restés sur nos terres. Il est devenu à la mode d'écrire sur les dragons à la surface. Nous avons consacré beaucoup de temps et d'efforts pour inspirer les écrivains, afin que ce qu'ils écrivent soit exact."

"Y a-t-il à la fois de bons et de mauvais dragons?" Je me suis renseigné. "Tout comme les bons et les mauvais humains?"

Boron a secoué la tête. "Le mal est interdit ici," a-t-il déclaré. "Il n'est pas toléré, ni chez les animaux ni chez les hommes. Bien sûr, nous avons le droit à un peu de plaisanterie inoffensive, pour blaguer et taquiner, mais seulement lorsqu'elle est pratiquée dans le respect. Les jeunes sont devenus un peu trop libres dans leur discours ces derniers temps." Il a regardé sa fille d'un air sévère, mais elle s'est contentée de glousser.

"Vous n'avez pas vraiment besoin de voir beaucoup plus de Porthologos," a-t-il ajouté. "Il y a d'autres choses que j'aimerais vous montrer. Porthologos est sans fin et ne fonctionne que selon un modèle vivant. Soit par des images holographiques, soit par la réalité, c'est-à-dire telle que vous l'interpréteriez. Nous, cependant, nous voyons les choses différemment. Puisque vous venez d'une autre planète, vous nous comprenez peut-être mieux?"

Lydia et moi avons tous les deux hoché la tête avec insistance. Nous avons suivi Boron et sa fille, qui était joyeusement en train de courir, dans le jardin. Nous avons dû monter quelques marches, et en traverser un passage. Puis en un instant nous nous sommes retrouvés dans la forêt, avec l'aéroglisseur qui nous attendait.

"Voici notre Bentley!" soupira Lydia, alors qu'elle s'asseyait confortablement dans le véhicule. "Je me demande où il nous mènera maintenant?"

4. Le Temple - Un Énorme Joyau

Nous avons alors plané très haut, bien au-dessus des arbres. Le soleil brillait tout aussi fort et il faisait encore très chaud, mais pas trop. J'ai commencé à ressentir des sensations de faim dans mon estomac, la même sensation que peuvent avoir les humains. J'avais aussi très soif. J'ai jeté un regard à Lydia. Elle a montré son ventre et sa bouche, pour me faire comprendre que son côté humain, physique, commençait aussi à se faire sentir.

Boron se retourna et sourit comprennant la situation. "Vous avez faim et soif!" déclara-t-il. "Nous pourrons bientôt y remédier."

L'aéroglisseur piqua vers le bas, apparemment en plein milieu de la forêt. Contrairement à la dernière fois où nous avons atterri, nous ressentions cette fois des secousses, car nous nous déplacions à une vitesse plus élevée. Cela ressemblait à un bosquet, mais le sol était plat et nous étions heureux de sortir de notre véhicule.

"Je m'excuse de ne pas avoir réussi à mieux gérer l'atterrissage," a déclaré M. Boron en riant. "Nelsea se comportait un peu malicieusement. De toute façon, il y a des chaises et des tables ici. Asseyez-vous s'il vous plaît et on vous donnera bientôt à boire et à manger."

Et bien sûr, au centre du bosquet, se dressait une table rustique des plus accueillantes, faite de ce qui ressemblait à d'épaisses branches qui n'avaient même pas été rabotées. Les sièges étaient constitués de deux bancs robustes, fabriqués dans le même matériau.

"Je parie que vous n'avez jamais rencontré une cafétéria comme celle-ci!" s'est exclamé Boron, alors que nous étions tous assis. Il murmura quelques mots inaudibles (je crois) et en un instant, un énorme plat de service, également en bois, apparut devant nous sur la table. Une pile de sandwiches très appétissants (mais aucun avec du jambon) s'est empilée en hauteur sur l'assiette, et Boron nous a demandé de nous lancer et de commencer à manger. Des gobelets en bois se sont aussi soudainement posés sur la table devant nous. Ils étaient remplis d'une boisson délicieusement alléchant. J'ai appris plus tard qu'il s'agissait de la bière d'Agartha. Pour terminer le repas, nous avons mangé de petits biscuits d'Agartha, remplis d'une sorte de mélange crémeux exquis.

Après avoir mangé et bu à notre faim, nous sommes remontés dans notre chère Bentley. "Je n'ai pas vu une seule vache!" s'est exclamée Lydia, alors que nous nous élevions à nouveau dans le ciel. "Alors, d'où vient la crème de ces merveilleux biscuits?"

Les yeux du père et de la fille se sont croisés et, comme d'habitude, Nelsea a commencé à rire de plus en plus fort. Puis elle a éclaté de rire de façon incontrôlable. Cependant, Boron garda son calme, bien qu'il ait presque souri lorsqu'il répondit: "Nous pensons que vous gardez votre bétail en captivité. Vous les utilisez et en plus vous volez le lait qui est destiné à nourrir leurs petits. Nous avons du bétail ici, toutes les différentes races que vous avez là-haut, mais ici seulement, nous les considérons comme nos amis fidèles et ils sont autorisés à errer et à paître librement dans les pâturages. L'idée même de boire ou d'utiliser leur lait à nos propres fins est tout à fait impensable voir même comique! La sève de certaines plantes ressemble à du lait, avec un goût très agréable, et peut être fouettée jusqu'à obtenir la consistance d'une crème. C'est aussi simple que cela."

"Ça devrait être aussi simple que ça pour nous aussi." J'ai ressenti un grand soulagement après avoir entendu parler de leur protection du bétail. Moi, qui avais traîné, lavé, et brossé les vaches à la maison, je n'avais jamais aimé le lait, à l'exception peut-être de la double crème. Être capable d'obtenir du lait d'une plante est une idée qui devait être introduite sur Terre. Beaucoup de choses étonnantes nous ont été révélées. Quelles autres surprises nous attendaient? Nous étions sur le point de le savoir.

Après la pause rafraîchissement, nous étions de nouveau assis dans notre luxueux véhicule sans roues, et nous avons rapidement filé dans les airs. Après avoir traversé d'épais nuages, nous avons de nouveau atterri. Boron nous a expliqué que les nuages étaient parfois assez proches du sol, surtout en haut des collines, ce qui obligeait l'aéroglisseur à traverser le coussin laineux et duveteux que constituait ces derniers. Ce n'était pas vraiment dangereux - un peu comme si on sortait dans un épais brouillard. Le radar, par contre, ne fonctionnait pas à l'intérieur du nuage, si bien que l'aéroglisseur devait couper son moteur (s'il en avait vraiment un). Quoi qu'il en soit, nous avons réussi à sortir assez rapidement du coussin nuageux, pour plonger directement dans le suivant. et cela a continué ainsi pendant un certain temps, mais enfin nous glissions de la cime des arbres couverts de nuages et commencions notre descente vers le sol.

Un bâtiment incroyablement beau surplombait notre véhicule, et tous les rayons scintillants qui se reflétaient sur sa surface recouverte de bijoux ont permis de briser la pénombre.

"Si j'avais le choix, c'est exactement ce à quoi un temple devrait ressembler!" Je me suis exclamé avec plaisir, et Lydia a saisi mon bras pour me soutenir alors qu'elle regardait fixement la coupole étincelante. C'était comme si un énorme, grand, fabuleux joyau se tenait devant nous. Nous l'avons contemplé avec un étonnement absolu.

"Ce type de bâtiment ne se trouve nulle part ailleurs, dans toute l'Histoire," dit-elle en chuchotant, essuyant quelques larmes de joie sur sa joue pâle et douce. "Ce doit être la plus belle chose que j'ai jamais vue. Devons nous le visiter, ou pensez-vous que nous serons déçus si nous le faisons?"

J'ai pensé que c'était peu probable, alors nous y sommes allés. Comme les églises et les cathédrales n'étaient pas censées exister à Agartha, je me suis vraiment demandé quel était le secret de ce magnifique bâtiment. Il était tout aussi extraordinaire à l'intérieur qu'à l'extérieur et regorgeait de belles peintures et de vitraux. Il n'y avait pas de longs bancs ni d'autels, comme dans les églises que nous connaissions, mais plutôt plusieurs salons avec des canapés et des fauteuils regroupés tout autour de la chambre étincelante et chatoyante qui nous éblouissait. Une ou plusieurs personnes, qui semblaient toutes être en pleine prière ou méditation, s'occupaient de certains des salons. Nous observions alors des bougies qui scintillaient doucement avec le courant d'air causé par notre passage. Je n'ai pu distinguer aucun autel, bien que l'on puisse dire que l'ensemble de la salle ressemblait à un énorme autel. La musique s'est éteinte tout d'un coup. Je ne peux pas dire de quel genre de musique il s'agissait ni d'où elle venait, mais elle allait droit au cœur et à l'âme, nous pénétrant au plus profonde de nous-même. Nous n'avions pas la force de rester debout, alors nous nous sommes assis dans un des canapés au milieu de la pièce. À ce stade, même Nelsea se taisait et semblait révérencieuse.

"C'est un endroit qui accueille des assistants spécialement sélectionnés," chuchote Boron. "On vient ici chaque fois qu'on a besoin d'une aide psychiatrique de quelque nature que ce soit ou qu'on a des questions spécifiques à poser. Vous voyez les assistants là-bas? Ils portent des manteaux de couleur orange ou indigo. L'un d'entre eux vient vers nous maintenant."

Il se trouve que c'est un homme un peu plus âgé qui s'est approché de nous. Il était grand, comme tous les autres, blond, avec une expression affectueuse et agréable sur son visage. Il a souri gentiment.

"Bienvenue, chers visiteurs de la surface!" dit-il doucement. "Je m'appelle Lionor. Etes-vous venus ici en tant que touristes, ou avez-vous besoin d'aide?"

"On pourrait dire ça," lui ai-je répondu. "Et nous ne sommes pas de la surface, mais d'une autre dimension. Nous vous saluons!" J'ai prononcé un mot que Melchizedek m'avait dit capable de nous aider à ouvrir des portes. De toute évidence, cela a marché, car l'assistant s'est incliné en signe de révérence.

"Que voulez-vous savoir sur Agartha?" demanda-t-il.

"Je me demande si vous avez une seule religion ici ou s'il y a les mêmes croyances qu'à la surface," demandai-je.

"Oui, en quoi croyez vous?" Lydia a répondu.

"Dans toute Agartha, il n'y a qu'une seule et unique croyance," a répondu Lionor. "Nous n'avons qu'un seul Dieu, Première Source, et ce pour toute vie sur cette planète. C'est un Être d'Amour, ou une Source d'Amour, comme nous avons l'habitude de dire. Ce n'est pas seulement le Dieu des Hommes, mais aussi des animaux. Ceux qui ne peuvent pas accepter les Lois de l'Amour renoncent à leur droit de rester ici et seront immédiatement exilés, soit à la surface, soit sur une autre planète où leurs croyances correspondent. Par conséquent, nous ne connaîtrons jamais les conflits religieux auxquels les gens de la surface doivent faire face. Nous vivons dans une paix et une harmonie constantes, envoyant l'Amour dans toutes les dimensions."

"C'est absolument merveilleux!" se réjouit Lydia. "Les humains de la surface de la Terre pourraient apprendre beaucoup de vous."

"Tout à fait," sourit Lionor. "C'est précisément ce qui se passera, une fois que la Terre aura terminé sa transition, ce qui ne saurait tarder."

"Donc vous êtes conscient du grand dilemme actuel de la Terre?"

Bien qu'il s'agisse d'une question rhétorique, Lionor a répondu: "Nous sommes très conscients de tout ce qui se passe en surface. Il y a de telles horreurs, mais nous nous réjouissons de révéler notre existence et de faire savoir que nous sommes ici et que nous sommes prêts à aider les habitants de la surface. Nous le pouvons vraiment. Lorsque le grand changement se produira sur la Terre, nous serons là pour aider. Ceux qui ne nous accepteront pas ou n'écouteront pas ce que nous avons à dire devront décider de leur propre sort en choisissant une autre planète pour s'installer là où leur point de vue sera accepté."

"Je pense que nous avons assez parlé de l'avenir," a déclaré M. Boron. "Nous allons maintenant poursuivre notre expédition sous le soleil. Si vous voulez bien nous excuser, Lionor. Nous pouvons revenir plus tard, si mes invités le souhaitent."

Lionor s'inclina une nouvelle fois respectueusement et ne se releva qu'après que nous ayons quitté la chambre.

5. Une Rencontre Intéressante

Lorsque nous avons pris la porte, nous nous sommes retournés pour regarder en arrière et admirer l'œuvre d'art architecturale qui se trouvait sous nos yeux. Alors que nous exprimions notre admiration à haute voix, nous avons entendu une voix qui disait: "Salutations à vous, Lydia et Jan!"

Notre aéroglisseur était garé près du temple, et à côté de lui se tenait un homme avec un chien. L'homme était vêtu d'une cape de couleur blanc cassé avec une ceinture dorée autour de la taille. À cette ceinture étaient accrochés des objets, tous en or. Il avait l'air d'un homme d'âge moyen; ses cheveux étaient presque blancs, mais son visage était jeune et ses traits étaient fins. Il avait des yeux bleus profonds et éclatants. Le chien ressemblait à un golden-retriever, mais il était presque entièrement blanc et avait un large collier doré.

Quelque peu déconcertés, nous avons salué l'étranger. Boron avait l'air hésitant, comme s'il devait nous présenter l'homme, sans vraiment savoir qui il était. Finalement, c'est Lydia qui rompit le silence: "Es-tu celui qu'on appelle le Pèlerin?" demanda-t-elle, "Et quel est le nom de ton adorable chien?"

"Le chien s'appelle Lissa, et oui, je suis bien celui qu'on appelle le Pèlerin," répondit l'homme en souriant gentiment. "J'avais reçu la nouvelle de votre arrivée à Agartha et je voulais vous accueillir. Il y a tant à découvrir ici et tant à apprendre pour les êtres humains. Vous venez d'une autre dimension, vous avez temporairement pris des formes physiques et vous souhaitez apprendre tout ce que vous pouvez sur Agartha. Je serais honoré de vous faire visiter, si vous vous le voulez bien."

"Je suis leur guide en ce moment," a déclaré M. Boron. "Mais je serais plus qu'heureux de faire une pause et de rentrer chez moi. Je veux que vous sachiez, Jan et Lydia, que vous êtes toujours les bienvenues pour revenir nous voir quand vous le souhaitez."

Lydia s'est jetée au cou de Boron pour le serrer dans ses bras et Nelsea a atterri dans l'aéroglisseur comme un papillon géant de couleur rose. En un instant, elle et son père avaient disparu. Nous étions là, debout devant le plus beau temple du monde, en compagnie du remarquable Pèlerin et de son tout aussi exceptionnel chien.

"Ce sont nos amis, Lissa," a déclaré ce dernier. "Salutations!" Le chien s'est d'abord approché de Lydia, puis de moi, la tête baissée et la patte droite levée. Puis il est retourné au côté de son maître. Le Pèlerin nous a indiqué de rester parfaitement immobile, puis il a soufflé dans un petit pipeau émettant un doux sifflement. Un aéroglisseur sortit du bois voisin, et se posa à côté de nous. Il était doré, avec un toit tout en or scintillant.

"J'ai l'habitude de me promener en marchant," a-t-il déclaré, "mais quand j'ai des invités, nous utilisons ceci. Veuillez vous asseoir afin que nous puissions nous rendre dans un endroit des plus intéressants." Nous sommes montés dans le véhicule sans dire un mot. On avait l'impression de rêver dans un rêve. Le Pèlerin nous a souri gentiment tout le long du voyage et l'aéroglisseur quant à lui, flottait doucement dans les airs.

"Nous aurions pu faire le voyage autrement," a poursuivi le Pèlerin, "mais vous n'auriez pas eu l'avantage de voir la merveilleuse campagne d'Agartha, qui est similaire à certaines régions des pays nordiques. La différence ici est l'énorme variété de plantes, puisque la végétation existante comprend toutes les espèces présentes sur Terre et ce depuis le début des temps. C'est pourquoi il est strictement interdit de ramasser ou d'arracher les plantes. En ce qui nous concerne, elles sont toutes ce que vous appelleriez 'rares'."

"Cela étant, il semble étrange que l'endroit ne soit pas complètement envahi par la végétation," ai-je répondu, quelque peu surpris, "On pourrait raisonnablement supposer que l'ensemble du paysage serait par conséquent une énorme jungle de végétation sauvage et broussailleuse."

Le Pèlerin sourit. "La nature se régule toute seule," répondit-il poliment. "Le Roi de la Nature, Peter Pan, n'existe pas seulement en surface, mais aussi ici. Avec lui suivent tous les Élémentaux. C'est là que nous avons nos 'Jardiniers en Chef.' Par conséquent, nous n'avons pas à nous inquiéter, car nous pouvons compter sur le fait que toute vie soit bien nourrie et protégée."

"Mais que faites-vous des dauphins?" Je me suis interposé, après m'être soudainement souvenu de toutes les choses horribles que j'avais entendues sur le dauphins dans les océans du globe.

Elles sont si horrifiantes que je préfère ne pas en parler plus en détail dans ce livre. Toutefois, ceux qui souhaitent en savoir plus peuvent trouver des informations facilement accessibles sur Internet. Le massacre vicieux, la méchante cruauté envers les animaux et le mal dont ces merveilleuses créatures ont été victimes dépassent toute imagination. C'est pour cette raison que j'ai parlé de ce sujet.

"Nous aimons et vénérons nos dauphins," a répondu le Pèlerin. "Ils sont plus sages que les humains. Si un danger les guette, nous leur portons immédiatement secours. Des accidents naturels peuvent se produire, mais nous avons l'habitude de nous en occuper et nous disposons aussi de remèdes naturels fantastiques et efficaces. Malheureusement, nous ne pouvons rien faire pour ceux qui vivent à la surface, si ce n'est de les guérir une fois arrivés ici. Certains qui ne sont pas si gravement blessés peuvent aller directement à la mer ici, et nous veillons sur eux."

L'aéroglisseur s'est posé lentement sur la longue et vaste plage de sable. Nous avons débarqué. Les dauphins sont apparus, nageant vers le sable, où les gens se sont rassemblés. Les enfants caressaient ces grands êtres aquatiques, et on aurait dit que les dauphins leur rendaient leurs caresses. Les gens les nourrissaient de petits poissons, et l'ensemble de cette merveilleuse scène témoignait d'un Amour et d'un plaisir réciproques - que j'ai tant souhaité voir également à la surface.

Le Pèlerin a éclaté de rire. "Eh bien, Jan, es-tu convaincu maintenant? Ici, l'Amour envers les animaux est l'une des premières choses qu'un enfant apprend. J'ai un chien, ma Lissa bien-aimée. En effet, la plupart d'entre nous ici avons un animal de compagnie. Nous pouvons apprendre beaucoup de choses de nos animaux domestiques."

"Mais je pensais que vous n'étiez pas d'ici," ai-je répondu.

"Quelle importance?" me répondit-il. "Je peux tout faire au nom de l'Amour, où que je sois."

"Moi aussi!" s'est exclamée Lydia, qui était assise dans le sable, avec la grande tête de Lissa reposant sur ses genoux. "Nous avons une si belle conversation, et ton chien me dit beaucoup de choses, Pèlerin!"

"Je t'ai amené ici pour te montrer quelque chose," a annoncé notre guide, après quoi Lissa se mit immédiatement à courir à ses côtés; c'était comme si elle comprenait tout ce qu'il disait. Il nous a fait signe de le suivre, alors nous l'avons fait sur la pointe des pieds aussi légèrement que possible sur le sable humide et compact. C'était comme à la maison je pensais - mais très vite j'ai découvert que c'était aussi vraiment très différent.

Nous passions devant plusieurs familles qui jouaient et faisaient de l'exercice sur la grande étendue de sable, quand tout à coup, le silence retentit. Il n'y avait personne en vue. C'était comme si nous étions entrés dans un espace vide, sans murs, avec le doux clapotis des vagues de la mer en fond sonore. Le Pèlerin et Lissa se sont précipités et nous avons simplement suivi le rythme, car il n'y avait pas d'autre chemin à prendre que de continuer tout droit. Dans ma tête, j'ai décidé d'appeler cet endroit le "tunnel maritime". Oui, j'ai une passion: donner un nom à tout ce que je vois.

Tout à coup, le Pèlerin et son chien se sont arrêtés. Devant nous, une très haute porte brillait. Je dis "brillait", parce que c'est exactement ce qu'elle faisait. C'était, comme tout le reste, un chef-d'œuvre de pierres précieuses aux couleurs pâles.

"Les portes nacrées!" chuchotais-je solennellement à Lydia. Elle a rigolé.

"Ça suffit, nous sommes tous morts depuis si longtemps déjà, nous n'aurons donc pas besoin de portes nacrées pour passer," a-t-elle répondu en murmurant, avec la même sorte de solennité. "Je suppose que nous allons voir quelque chose de spécial par là-bas."

Comme d'habitude, elle avait absolument raison. La serrure grinçait un peu quand les portes nacrées s'ouvraient lentement. Nous avons suivi notre guide de près, mais Lissa a choisi de marcher aux côtés de Lydia.

Nous avons entendu des chants, d'abord à peine audibles, puis de plus en plus forts, à chaque pas que nous faisions. Finalement, le son était si puissant et si merveilleusement beau que nous sommes restés immobiles.

La comparaison la plus proche que je puisse faire serait avec les Spirituals, seulement sous une forme plus forte et plus pure.

Mon plus grand souhait est de faire découvrir à mes lecteurs ce que Lydia et moi avons eu le privilège de voir lors de nos voyages, c'est pourquoi j'essaie de faire des comparaisons terrestres, puisque je pense que c'est la meilleure façon, n'êtes vous pas d'accord? Cette musique particulière avait une sonorité particulière qui est difficile à décrire, mais des tonalités similaires ont été reproduites avec succès dans certains opéras comme Aïda, des parties de La belle Hélène ou Orphée dans le Monde Souterrain, entre autres.

Sur Terre, on sort de l'opéra en titubant sous la pluie qui tombe sur les pavés, dans le brouhaha des rues, ou peut-être dans le froid et le verglas de l'hiver. Ici, nous n'avons pas été réveillés aussi brutalement de notre expérience rêveuse et musicale. Après nous être blottis dans des chaises confortablement rembourrées et disposées un peu partout, nous nous sommes endormis ou sommes entrés dans une sorte de transe, dont le réveil n'a été que doux et agréable.

Le Pèlerin se mit debout, se pencha sur moi et me tapota légèrement sur l'épaule. J'ai trébuché, à moitié réveillé.

"Où sommes-nous?" demandai-je en me frottant les yeux.

"Le plus près possible d'un de vos opéras!" s'est exclamé le Pèlerin souriant. "Nous l'appelons le Palladium, comme à Rome. C'est le bastion de la musique dans cette partie d'Agartha. Une partie de ce que vous avez entendu était du chant, mais notre chant ressemble plus à de la musique n'êtes-vous pas d'accord? Nous avons aussi d'autres sortes, comme l'équivalent de vos comptines et airs d'opérette et de comédie musicale. Le chant des dauphins a été inclus dans ce que vous avez entendu - ils sont de fantastiques chanteurs. Tous les enfants sont bercés par la musique dès leur naissance; par conséquent, vous ne trouverez pas une seule personne ici qui qui ne soit pas musicale. De plus, nous avons la contribution des elfes au sein de la partie musicale d'Agartha; ils sont heureux de se produire aussi au Palladium."

"Des elfes vivent ici?" nous nous sommes exclamés, Lydia et moi, à l'unisson, surpris.

Le Pèlerin fit un signe de tête et avait un large sourire. "Je pensais que nous irions leur rendre visite eux aussi", a-t-il déclaré.

J'ai regardé autour de l'immense salle de concert, encore sous le charme de cette musique qui continuait, et qui était difficilement audible. L'intérieur, tout comme l'extérieur, resplendissait de bijoux et de belles peintures. Celles-ci ne représentaient aucun motif religieux mais principalement des images de groupes qui dansent et chantent. Les murs semblaient être vivants. En effet, même si les images n'étaient pas compactes, elles avaient une façon singulière de se déplacer, et ce de manière très douce.

"Tout est en mouvement ici. La beauté et le mouvement se tiennent dans l'élégance. C'est bon pour l'âme. Elle donne la joie et l'illumination. Beaucoup viennent ici uniquement pour procurer à leur âme les choses à laquelle ils aspirent, qui leur manque désespérément la surface. Ils ont des images là-haut, bien sûr, et certaines sont belles, mais les plus typiques contemporaines ne représentent qu'une une imagination sordide. Les êtres humains - comme vous l'étiez aussi autrefois - consacrent leur vie au négatif, ce dont nous ne parlons jamais ici dans le Terre Intérieure. Si semblable et pourtant si différente."

Il a sorti son sifflet et a soufflé dedans. Il n'a pas fallu beaucoup de secondes avant que l'aéroglisseur se présente devant nous et que nous grimpions dedans.

6. De la Vieille Forteresse à Shamballa

"La plupart du temps, je ne fais que me promener, mais aujourd'hui, j'ai fait une exception," a déclaré le Pèlerin, alors que notre engin s'élevait dans le ciel. "Nous devons parcourir une assez longue distance, et c'est le moyen le plus rapide, étant donné que vous souhaitez voir une partie du paysage."

L'aéroglisseur est descendu plus bas, de sorte que nous naviguions seulement quelques mètres au-dessus d'une prairie fleurie, ce qui m'a rappelé une fois de plus celles de mon enfance. Je n'ai pas eu le temps de voir en détail ce qui y poussait, mais j'ai réussi à entrevoir de magnifiques rosiers à fleurs roses. Ils étaient beaucoup plus grands que ceux poussant à la surface. Tout était plus grand dans cette partie du monde, et cela semblait s'appliquer à tout ce que l'on voyait. Les marguerites, les coquelicots, les trèfles et les fléoles des prés semblaient être devenus gigantesques, et en plus de leur nouvelle forme surdimensionnée, ils avaient même développé de nouvelles couleurs. Cependant, les forêts ressemblaient beaucoup à nos forêts suédoises, même si certaines des variétés d'arbres aurait pu être méditerranéenne. Il y avait divers cours d'eau, par exemple des lacs, des rivières, et des ruisseaux, Ils jaillissaient et gargouillait de partout. La faune avait aussi l'air animée. J'ai pu apercevoir des cerfs, des loups, des lynx et de massifs ours qui se frayaient un chemin à travers le terrain vallonné. Je n'ai pas vu un seul animal s'attaquant à d'autres animaux.

"La loi de la jungle, qui consiste à s'attaquer ou à être attaqué, ne s'applique-t-elle pas aussi ici?" ai-je demandé à notre guide.

"Ici, pas de festin d'animaux," répondit le Pèlerin. "Tous se nourrissent du fourrage qui leur est nécessaire, mais le type de boucherie pratiqué en surface n'existe pas. Les humains ne sont pas attaqués, tant qu'ils n'attaquent pas eux-mêmes, ce qui est extrêmement rare. Si jamais cela se produit, c'est à cause des Terriens d'en haut qui se sont égarés. Nous sommes sur le point d'atterrir!"

L'aéroglisseur a plongé assez brusquement dans la jungle de buissons et d'arbres. Pendant une fraction de seconde, mon cœur a tressailli de peur, mais l'atterrissage en lui-même était en fait à la fois calme et agréable, malgré la descente rapide. Quand j'ai finalement osé lever les yeux, j'ai remarqué que Lydia ressentait la même chose, et j'ai été quelque peu surpris.

Devant nous se dressait un château de conte de fées. Il était un peu plus au loin et était entouré de douves, ce qui est le cas pour toutes forteresses. Nous avons vu au moins deux ponts qui y menaient. Il y avait une multitude de tourelles et de tours, brillantes et chatoyantes avec des fenêtres, des voûtes et des arcs. Il était identique à un tableau du XIIIe siècle.

"Oui, c'est bien une véritable forteresse." Le Pèlerin a ri en voyant nos regards étonnés. "Ce château est vraiment ancien, datant de bien avant votre conception du temps, et il a jadis existé à la surface. Il appartient à une époque où la construction était un art noble, et il a été construit avec des pierres qui ont coûté le sang et la sueur de nombreux pauvres paysans. C'est un exceptionnel modèle de ce genre. Ainsi, quand il a commencé à s'effondrer, au cours d'un âge sombre sur Terre, nous l'avons transporté ici et l'avons installé dans un endroit de notre royaume où nous pouvions le restaurer et le maintenir en bon état. Les dragons nous ont aidés; certains restent encore à proximité. Nous avons dans ses murs un centre de recherche - jamais révélé à l'Homme - où sont développées nos plus brillantes inventions et découvertes. Il y a beaucoup de place, comme vous pouvez l'imaginer. De nombreux esprits supérieurs y sont à l'œuvre; des chercheurs qui ont vécu une partie de leur vie sur Terre et qui ont plus tard décidé de s'installer ici."

"Par exemple: Darwin, Tesla ..." j'ai suggéré. Le Pèlerin a fait un signe de tête.

"Ils ont la paix et la tranquillité ici, et peuvent communiquer entre eux s'ils le souhaitent. Ils ont un magnifique parc de l'autre côté de la forteresse, où ils peuvent se promener et réfléchir, avec l'avantage supplémentaire de pouvoir profiter de rafraîchissements, etc. La forteresse est une installation formidable, mais je ne peux malheureusement pas vous laisser y entrer, même si vous n'êtes pas des êtres humains en provenance de la Terre. Actuellement, une organisation est en train de se mettre en place pour recevoir et prendre soin des humains de la Terre lorsque se produiront les grands changements qui auront bientôt lieu à la surface. Lorsque cela se produira, tous les êtres humains seront obligés de quitter leurs maisons pendant un certain temps, car la Terre devra être purifiée et reconstruite pour qu'elle soit à nouveau habitable. Ceux qui ne souhaitent pas quitter la surface de la Terre devront traverser d'une autre manière."

"Tu veux dire qu'ils vont mourir?" rétorqua Lydia.

"Oui," répondit tristement le Pèlerin. "Il y a des gens qui ne pourront jamais changer, qui préfèrent périr dans le chaos et la catastrophe plutôt que de s'installer ici ou sur une autre planète. D'autres nous rejoindront, où ils seront immédiatement accueillis avec Amour et joie, et auront la possibilité d'améliorer la condition physique de leur corps.

Les guérisseurs et les conseillers pour les aider seront légion."

Nous nous sommes promenés un moment et avons scruté la forteresse sous tous ses angles, afin de la graver de façon permanente dans nos esprits. Nous avons vu les dragons avec leurs écailles scintillantes, qui, de temps en temps, dégageaient de la fumée. Nous avons même vu que certaines personnes, qui étaient sorties de l'intérieur du château, ont chevauché les dragons et se sont envolées.

"Ce sont des Dragonniers," a expliqué le Pèlerin. "Ils sont entraînés dès leur plus jeune âge pour devenir les fidèles d'un dragon et voler avec lui. Ceci peut sembler audacieux, mais de nombreux jeunes aventuriers prennent énormément de plaisir à voler avec ce mode de transport peu commun. Maintenant, je dois vous demander de bien vouloir réembarquer dans l'aéroglisseur qui se trouve juste là. Je ne peux pas promettre qu'il s'agira exactement d'une promenade à dos de dragon, mais ce sera sans doute assez palpitant, en tout cas."

L'air était tout aussi chaud qu'avant, et j'ai apprécié la douce brise qui caressait mon visage lorsque nous nous sommes élevés dans les airs. L'aéroglisseur n'a pas volé aussi haut ni aussi vite cette fois-ci. Lorsque nous avons quitté la forteresse, en la voyant devenir de plus en plus petite au loin, Lorsque nous laissions la forteresse derrière nous, la voyant devenir de plus en plus petite au loin, nous avions l'impression de faire partie d'une ancienne saga, et cette pensée me ravissait. Lydia qui avait la tête de Lissa sur ses genoux, en éprouvait le même sentiment. Le Pèlerin s'était résigné à voir son chien se rapprocher de sa nouvelle "maîtresse"; il les regarda tous les deux et sourit.

"J'ai pensé que je pourrais vous montrer comment ce pays est gouverné," annonça le Pèlerin. "Je suppose que cela vous intéressera, vous et vos lecteurs. Vous devriez au moins avoir une idée de son fonctionnement, car c'est un parfait exemple de la façon dont la surface doit être gouvernée, et nous espérons sincèrement que cela sera mis en place le plus tôt possible. Tous vos pays - et ils sont nombreux - sont gouvernés différemment. Par conséquent, les conflits et les guerres ne cessent de se produire. Il existe ici deux dimensions. De nombreux êtres humains tridimensionnels vivent encore à Telos. C'est la ville où l'on arrive si l'on passe par le Mont Shasta. Nous pouvons interpréter cela comme une ville essentiellement physique, à vos yeux."

"Mais nous ne sommes pas physiques," ai-je protesté. "J'écris par le biais d'un médium physique, mais Lydia et moi sommes d'une dimension entièrement différente et devons être comptés comme étant à cinq dimensions. Nous avons cessé de compter en dimensions, c'est seulement pour que les humains sur Terre y adhèrent. Sur Terre, la forme physique est de première importance, c'est pourquoi elle est au bord de la destruction. Les richesses tangibles, associées à la haine, à l'envie, à la jalousie et à d'autres vices méprisables, sont ce qui régit la Terre. Cependant, des changements vont bientôt se produire, entraînant le retour de la Terre à son état vierge, beau et florissant."

"Et maintenant, nous devons vraiment oublier l'existence du physique, sinon... que dans la Nature," a déclaré le Pèlerin à mesure que l'aéroglisseur descendait. Nous avions une fois de plus atterri en pleine campagne, dans un endroit où le paysage d'une beauté à couper le souffle était si parfait que Lydia et moi en étions bouches bées.

On peut trouver des paysages similaires dans différents endroits du monde - en Italie par exemple. Cependant, ce lieu particulier paraissait tout réunir: la végétation luxuriante combinée aux vagues scintillantes d'une petite chute d'eau dans un large ruisseau, les pins murmurants dans une petite partie de la forêt Dalécalienne suédoise, les oiseaux multicolores qui chantaient avec joie tout en survolant la région et accompagnaient les chants et les danses qui nous entouraient.

Je me suis dit que ce devait être le refuge des Élémentaux. C'est à ce moment précis que je les ai vus! Partout, on voyait des Élémentaux ressemblant à des fées, des elfes et beaucoup d'autres. Ils dansaient, chantaient et jouaient d'étranges instruments. Ils étaient de tailles différentes, mais tous étaient extrêmement minces, et étaient presque transparents. Les écureuils jouaient dans les troncs d'arbres, tandis que les renards et les loups se promenaient, comme des bébés maladroits, sur la mousse verte à la lisière du bois. Il est difficile de raconter en détail cette immense masse, cette Nature abondante et généreuse.

"Vous devez simplement rencontrer les Élémentaux avant que nous allions à la rencontre de ceux qui gouvernent ici," dit le Pèlerin, en nous poussant vers un haut rocher entièrement recouvert de mousse lumineuse vert émeraude. Le rocher avait une ouverture sur le côté qui avait la taille d'un homme. Autour de l'ouverture, il y avait des représentations sculptées et polies. Il y avait diverses têtes d'animaux mais aussi des têtes humaines avec de petites cornes. Nous n'avons pas eu le temps de tout observer que le Pèlerin nous faisait signe de le suivre, lui et Lissa. Nous avons franchi l'entrée en pierre.

Une fois à l'intérieur, l'entrée s'était transformée en une immense salle, bondée de monde. Le Pèlerin traversait la pièce avec les deux mains tendues - tout le monde voulait le saluer. Comme personne ne faisait attention à nous, nous avons fait de notre mieux pour nous imprégner le plus possible de l'atmosphère, du décor et des habitants. Ce n'était pas une tâche facile, car les êtres qui s'y trouvaient se bousculaient et poussaient sans relâche, afin de rejoindre notre ami. J'avais déjà rencontré des fées, des elfes, des nains, des petites gens et d'autres Élémentaux au cours de nos voyages, mais rien qui ne correspondait vraiment à ce que je voyais devant moi. C'était comme entrer dans une grotte de conte de fées.

"Vous êtes au milieu d'une région où résident de nombreux Élémentaux," a déclaré le Pèlerin, alors qu'il repoussait poliment mais avec détermination les foules qui étaient sur et autour de lui. "Ils ont pour habitude de se rendre invisibles, de se fondre dans la nature, pour pouvoir travailler en paix, mais parfois on a la chance de les voir. Je voulais vous montrer comment ils vivent. Ce rocher dans lequel nous sommes entrés est un excellent exemple, bien qu'un peu surpeuplé en ce moment, je pense!"

Peu à peu, nous avons réussi à nous retirer, et les Élémentaux nous ont enfin permis de passer. La pièce était immense, et était joliment décorée. Il y avait des fleurs et des objets très élaborés, principalement en pierres précieuses. Il y avait plusieurs tables avec des tabourets autour, et la lumière brillait à travers un trou dans le toit. Cela dégageait des rayons chauds qui dansaient en cascades de lumière scintillantes.

Le Pèlerin et Lissa nous ont montré le chemin pour sortir de la cavité rocheuse. Lorsque nous étions de retour au ruisseau avec la cascade, de pâles ondines (esprits de l'eau) dansaient au milieu de celle-ci. Elles étaient aussi vertigineuses et bruyantes que l'eau elle-même. Nous nous sommes dépêchés de retourner à l'aéroglisseur et avons rapidement regagné les airs.

"Je voulais que vous voyiez comment les Élémentaux agissent et coopèrent avec les habitants d'Agartha, même au sein de leur conseil. Nous allons maintenant nous diriger vers la capitale Shamballa," a déclaré le Pèlerin. "Si vous n'aviez pas vu l'habitat naturel des Élémentaux, il vous aurait été nettement plus difficile de suivre les discussions du conseil. Nous sommes sur le point d'entrer dans une zone entièrement en cinq dimensions, mais cela ne vous affectera pas, puisque vous y êtes déjà. Nous allons seulement apporter quelques petits ajustements à votre structure, pour vous permettre d'être dans votre état naturel. Vous êtes bien trop physiquement incarné et humain pour le moment."

J'ai en fait ressenti une métamorphose dans mon corps et j'ai remarqué que Lydia, elle aussi, réagissait. Nous étions un peu désorientés; nous avions la tête qui tournait et je pensais m'évanouir, mais le vertige a vite disparu. Quand j'ai regardé ma main, elle n'avait pas l'air aussi ferme et sensible que dans son état physique, mais beaucoup plus mince. La belle Lydia à côté de moi ne semblait plus réelle. Elle était d'un éclat pâle et doux. Nous étions redevenus des anges!

L'aéroglisseur n'a pas atterri au sol cette fois-ci et s'est plutôt positionné doucement et prudemment sur une balustrade, ou peut-être une partie d'un toit. En fait, cela ressemblait plutôt à un toit, même si de telles choses étaient plutôt inhabituelles dans ce pays. Celui-ci était en forme de dôme, atteignant environ deux mètres de hauteur jusqu'au plafond, avec un large balcon tout autour. Ce dernier avait l'air d'être fait d'or et comportait un grand trou en son centre, permettant soit au soleil de pénétrer, soit à la lune nocturne de bercer doucement les étoiles afin qu'elles s'endorment au faible son de la musique harmonieuse qui venait de l'intérieur du dôme.

"Il y a une entrée par ici," expliqua le Pèlerin et nous conduisit à une porte dorée, brillante et joliment décorée. Il l'a ouverte, nous laissant voir que le balcon, continuait à travers elle, et ce sur quelques étages. Ce type d'architecture en forme de dôme est connu sous le nom de coupole à lumière du jour, ou lanterne de toit.

Lorsque nous nous sommes penchés sur la rampe en or massif, nous pouvions voir la grande salle située en dessous. Bien entendu, celle-ci était circulaire et était décorée avec la plus fantastique collection de peintures et de sculptures. Une longue table avec douze chaises était posée avec du brocart d'or et des coupes étincelantes. Toutes les chaises, sauf une, étaient occupées par des figures puissantes et humaines, à l'exception d'une entité presque transparente, assise sur la chaise la plus proche du bout de cette table. C'était très probablement un elfe. À chaque bout se trouvaient deux personnages très imposant, un homme à une extrémité et une femme à l'autre. Le Pèlerin nous a fait signe.

"Il y a un escalier par ici; suivez-moi," chuchota-t-il, et nous nous sommes retrouvés derrière lui. C'était un escalier en colimaçon blanc qui semblait être fait de marbre. Il était incroyablement bien fait, avec une rampe ornée qui descendait en spirale. Lydia s'arrêta encore derrière moi. Le Pèlerin avait déjà atteint la pièce située à l'étage inférieur et nous attendait.

"Je ne peux pas," chuchote Lydia, son corps tremblant de partout.

"Tu ne peux pas quoi?" chuchotais-je avec agacement. "Si tu as peur de descendre, alors prends ma main." J'ai remonté quelques marches. "Je dois avouer que l'escalier est assez raide."

Lydia se tenait figée, tremblant encore, même si elle avait mis sa main dans la mienne. Je sentais que quelque chose n'allait pas du tout.

"J'ai l'impression de comparaître devant Dieu!" Lydia était blanche comme un linge, et sa main tremblait de façon incontrôlable dans la mienne. "Ce n'est pas seulement l'escalier qui me terrifie, c'est aussi les personnes qui nous y attendent en bas."

J'ai fait un pas de plus en arrière et j'ai réussi à saisir sa taille et à la soulever près de moi. "Je suis avec toi, ne t'inquiète pas," je l'ai cajolée et je l'ai portée en bas des escaliers.

En bas, le Pèlerin nous attendait avec un sourire. Il était accompagné d'une femme. Elle était grande, droite, avec des cheveux blonds dorés qui lui arrivaient aux épaules. Elle était extrêmement belle. Elle portait une longue robe blanche brodée d'or et une large ceinture dorée. J'ai remarqué au milieu de la table qu'une chaise était inoccupée.

"Je m'appelle Helena," dit-elle, en prenant les deux mains de Lydia pendant que je posais mon amie sous forme d'ange sur le sol. Elle a ensuite mis ses bras autour d'elle, lui a fait un câlin et lui a souri chaleureusement, en disant: "Je suis le commandant d'un vaisseau Alpha et je suis ici pour recevoir des informations concernant les grands changements imminents qui vont se produire sur Terre. Toute la flotte spatiale avec ses millions de vaisseaux est maintenant en alerte, voyez-vous. Mais pour l'instant, tout ce qui m'importe, c'est cette petite fille effrayée que je veux aider et réconforter."

Des larmes coulaient sur les joues de Lydia. "Je suis bête," pleurait-elle. "Je sais que vous êtes tous gentils, mais ça semblait si cérémonieux ici que ça m'a donné des frissons."

Helena éclata de rire. "Ce doit être l'endroit le moins dangereux qui soit!" s'exclama-t-elle. "Je vais maintenant te présenter à tous mes amis présents autour de cette table." Elle sortit son mouchoir en dentelle pour sécher les yeux de Lydia et la câlina doucement jusqu'à ce qu'elle se mette à rire. La belle Helena était une personne charmante; la description de "fille en or" ne correspondait peut-être pas parfaitement, mais le sous-entendu était correct. "La fille en or du ciel", me disais-je en souriant intérieurement. J'ai appris à utiliser ce sourire intérieur lorsque je suis en compagnie d'une personne distinguée.

7. La Société Distinguée qui Gouverne Agartha

À présent, moi, Jan, je voudrais préciser à mes lecteurs que je ne suis pas autorisé à donner le nom de chaque personne assise autour de cette table d'or. Quelques-uns m'ont donné la permission de révéler leur nom, d'autres non. Cependant, je peux certainement vous garantir que ce rassemblement de sages existe vraiment à Agartha, et qu'ils travaillent très dur pour aider la Terre de la meilleure façon possible. Helena ne s'oppose pas à ce que son nom soit révélé; Mariana l'a vue physiquement et a par ailleurs communiqué avec elle psychiquement. Helena a livré elle-même le récit de sa première rencontre avec Lydia et nous avons ri de bon cœur en parlant du petit ange complètement pétrifié.

Helena a conduit Lydia directement à l'entité transparente qui était la plus proche de nous. Il (car, malgré sa translucidité, il donnait en quelque sorte une impression masculine) s'est poliment levé et a courtoisement embrassé les deux mains de Lydia avec des baisers papillon. Il m'a fait un sourire et un signe de tête amical.

"Je suis Alric," annonça-t-il d'une voix étonnamment aiguë. "Je représente le royaume des elfes, qui, je le sais, vous est déjà familier. Bienvenue à Shamballa, la Perle de la Sagesse!"

Pendant tout ce temps, Helena menait Lydia par la main tandis que je me faufilais derrière avec le Pèlerin et Lissa, qui semblaient tout à fait à l'aise dans ces lieux divins. Le Maître suivant était Hilarion; je le connaissais déjà, un homme jovial et agréable. Ils étaient tous très grands, mais lui surtout. Il était mince, nerveux et un peu voûté, mais il s'est redressé et ses yeux d'un bleu profond brillaient de manière perçante.

"Eh bien, si ce n'est pas Jan!" s'est-il exclamé. "Mon cher vieil ami! Comment vas-tu ces jours-ci?" Il a tendu ses longs bras et m'a donné une grande accolade. "Je vois que tu as une magnifique fille avec toi! Fais attention à Janne, petite, il est sauvage et dangereux!" Puis il a éclaté de rire et nous a fait signe d'avancer. "Allez-y maintenant - Kuthumi suit!"

Je reconnus aussi Kuthumi, mais pas aussi bien que Hilarion. Kuthumi avait contribué à répandre la théosophie sur Terre, mais les humains n'étaient pas encore prêts à accepter cette sagesse. Il travaillait actuellement avec les autres Maîtres, préparant l'iminent sauvetage et la métamorphose de la Terre.

Tout d'un coup, nous avons été frappés par un violent souffle de vent, juste entre deux chaises. Aussitôt, je reconnus celui qui me faisait une blague; c'est un ami très cher, toujours prêt à faire des farces. Après avoir entendu quelques notes joyeuses sur une flûte de Pan, j'ai vu Peter Pan, le Dieu de la Nature, descendre en trombe de sa chaise pour me donner une énorme accolade.

"Quelle chance que je sois ici aujourd'hui!" a-t-il déclaré avec sa voix chaude et puissante. "Nous avons une réunion importante concernant la Terre et je dois donc y participer, car tout mon univers de flore et de faune est sur le point de changer, et pour le mieux, espérons-le! La Terre va s'épanouir comme jamais auparavant. Elle deviendra la plus belle planète de tout notre Univers, comme cela était prévu depuis le début - et l'humanité sera son serviteur le plus dévoué!"

"Je pensais que l'humanité deviendrait libre par la lumière et la joie - sans oublier l'Amour!" J'ai répondu.

"Il ne faut pas confondre service et servitude," a rétorqué Pan. "L'humanité doit reconnaître le lien entre la flore et la faune, ce qui implique une relation de fraternité où toute vie est respectée et prise en charge. Nous oserons nous montrer aux êtres humains, sans craindre d'être intimidés ou maltraités par ces derniers."

"Oh toi, monde merveilleux et libre!" me suis-je exclamé. "Puisses-tu bientôt conquérir les esprits de l'humanité et les transformer en élèves assidus de l'école de la vie. Malheureusement, nous pouvons voir les nouvelles choquantes des journaux du soir depuis notre dimension protégé qu'on le veuille ou non, et avons l'intention d'essayer de faire quelque chose à ce sujet. Nous nous battons contre des forces obscures, Pan, et j'espère sincèrement que nous allons triompher!"

Nous nous sommes serrés l'un contre l'autre, et Pan a même embrassé Lydia. J'ai remarqué son air pensif. Un ange se retrouvant dans les bras d'un homme couvert de fourrure avec des cornes de chèvre est probablement plus qu'inhabituel. Nous avons cependant continué vers la chaise suivante où, une fois de plus, un très bon ami s'est assis, à savoir le Maître et Comte de Saint Germain. Nous sommes passés littéralement d'une étreinte à l'autre, et j'ai constaté que même notre ami le Pèlerin a fait de même. Lissa trottait, la tête et la queue fièrement relevées, acceptant avec grâce toutes les petites caresses amicales qu'elle recevait. Puis Pan a fait une petite valse avec le chien du Pèlerin, comme si elle était une charmante partenaire de danse.

"Mon cher Jan, qui aurait cru que je te rencontrerais ici!" Saint Germain rayonnait de plaisir à mon égard. En voyant le Pèlerin le saluer comme un vieil ami, mes soupçons quant à la possibilité que les deux hommes ne soient qu'un seul et même homme se sont dissipés. Non, le Pèlerin était un tout autre Maître, dont l'intégrité ne devait pas être niée ni entachée. Le Comte de Saint Germain - également appelé

Prince Ragoczy - était un personnage remarquable. Son splendide manteau de couleur bordeaux était serré au cou par une étoile d'or à sept branches, sertie de diamants, d'améthystes et d'émeraudes. On aurait pu si facilement conclure qu'un simple fop du XVIIIe siècle se tenait devant lui, mais dès que le Comte a commencé à parler, toutes ces suppositions ont instantanément disparu. De plus, il faisait preuve d'un tel charisme que tout son être semblait baigné dans la lumière.

"Il est le Maître du Septième Rayon," ai-je dû penser à voix haute, puisque Lydia a alors demandé: "Qu'est-ce que tu veux dire par le Septième Rayon, Jan? Quels sont ces rayons dont tu parles?"

J'ai été obligé de répondre à cette question, car il m'est apparu que mes lecteurs ne sont pas non plus susceptibles de connaître le système de rayons des Maîtres de la Grande Fraternité Blanche. Un coup d'oeil rapide autour de la table a révélé que la Hiérarchie Planétaire était représentée et que ses sept Maîtres étaient présents. Il ne restait plus qu'à essayer d'expliquer cela à notre petit ange confus, Lydia. Le Pèlerin vit mon hésitation et donna libre cours à un rire plein d'humour.

"Si tu ne le dis pas à Lydia, alors je le ferais!" se moqua-t-il. Nous étions arrivés au bout de la longue table

J'ai fait un signe de tête pour exprimer ma reconnaissance: "S'il vous plaît, faites-le!"

"Nous venons d'arriver au Maître du Premier Rayon, El Morya," a expliqué le Pèlerin. Nous étions au pied du podium sur lequel se trouvait la table, et nos voix étaient donc assez difficiles à entendre, puisque nous nous parlions silencieusement, presque télépathiquement, l'un à l'autre. "El Morya est originaire de la planète Mercure, et il est considéré comme le représentant de la Volonté de Dieu. Il travaille avec ferveur pour la libération de la Terre des forces obscures et pour la transformation afin de représenter la Lumière et l'Amour. Nous avons ici un homme rigoureusement et stratégiquement instruit, dont la compétence est urgente sur Terre.

"Le Maître du Second Rayon s'appelle Lanto. Il est d'origine chinoise. La particularité de Lanto est que la lumière de son cœur est visible dans son corps. Il est très étroitement lié au Maître Saint Germain; ils travaillent souvent ensemble sur différents projets.

"Le troisième Rayon, connu sous le nom de Rayon d'Amour, est attribué à Paul le Vénitien, qui s'est incarné un jour sous le nom de Paolo Véronèse - un peintre pas vraiment inconnu en Italie, n'est-ce pas? Il s'est incarné en Atlantide et a réussi à partir pour le Pérou avant que le continent ne sombre dans l'océan. Il représente non seulement l'Amour et la tolérance des hommes les uns envers les autres, mais aussi la beauté artistique.

"Serapis Bey est le Maître du Quatrième Rayon. Il garantit une discipline stricte, celle qui vient de l'intérieur, afin que l'on puisse exprimer son être intérieur le plus profond de manière juste. On dit qu'il est originaire de Vénus. Il a notamment vécu sur Terre sous le nom du célèbre pharaon Akhenaton. Il travaille toujours pour la Fraternité de Louxor, avec les Séraphins.

"Le Maître du Cinquième Rayon est Hilarion, que nous venons de rencontrer ici il y a un instant. Il est ici en tant que porte-parole, représentant tous les Rayons.

"Nous avons enfin une femme, Lady Nada, qui est la représentante du Sixième Rayon. Elle représente le développement de nombreuses civilisations et représente aussi l'Amour Divin, et ce depuis l'enfance. Elle s'implique activement dans toute vie animale et végétale, donc bien sûr elle connaît bien Pan. Lady Nada est présente; elle est assise là-bas."

Il a fait un signe de tête vers l'autre côté de la table, en diagonale. Une femme blonde de faible corpulence, aux immenses yeux bleus, vêtue d'une robe rose chatoyante et d'un châle à paillettes, était assise là. Elle portait des bijoux qui ressemblaient à des roses.

"Très séduisante," chuchota Lydia. "J'aimerais beaucoup la rencontrer."

"Et tu le feras, très bientôt," murmura le Pèlerin. "Il ne nous reste plus que le Septième Rayon. Vous venez d'apprendre qu'il s'agit du Comte de Saint Germain, nous pouvons donc maintenant continuer à tourner autour de la table et nous présenter à tous ceux qui souhaitent être salués."

8. Les Prophéties des Indiens Hopi

Un signal a retenti, ce qui signifie que quelqu'un souhaitait dire quelque chose et exigeait le silence de toutes les autres personnes présentes. Un homme, au bout de la table, s'est levé. Il leva les deux bras et sourit doucement à l'assemblée.

"Je vous demande votre attention!" cria-t-il de sa voix puissante et grave. "Nous avons parmi nous des visiteurs des Sphères Célestes. Notre honorable ami, le Pèlerin, a amené avec lui un homme et une femme. Ils sont venus ici en mission pour transmettre plus tard leurs sentiments sur Agartha à une dimension supérieure. Comme vous le savez, je suis Hilarion, et j'ai reçu l'heureuse tâche d'accueillir chaleureusement nos honorables invités dans le respect de notre tradition!"

C'est alors qu'un rire de joie a éclaté et qu'un regard amical s'est porté sur nous. Le Pèlerin nous a fait monter sur le podium et je me suis prosternée dans toutes les directions, tandis que Lydia souriait doucement et hochait la tête. Le Pèlerin était de toute évidence une personne bien connue dans le cercle des Maîtres.

Une musique merveilleuse devint soudain perceptible, des arômes parfumés se répandirent dans l'air, et un chœur invisible chanta si bien que je n'avais jamais rien entendu de tel auparavant. Tout était si magnifiquement magique. Tout cela a duré assez longtemps, jusqu'à ce que la musique et le chant s'estompent, permettant à Hilarion de continuer à parler.

"Je suppose que nous sommes tous bien conscients que

les prophéties faites par les Indiens Hopi à la surface ont déjà commencé à se réaliser? Ils ont parlé du changement de la Terre en 2012, c'est-à-dire que leurs prophéties n'étaient valables que jusqu'à la fin de cette année-là. Je voudrais vous parler de certains points que je considère comme urgents à l'heure actuelle à la surface."

Lydia, le Pèlerin, et moi avions chacun reçu une chaise placée au bord de l'un des petits bouts de la table, j'ai donc compris que ce discours serait plus long que ce que je ne pensais. Hilarion nous sourit doucement et poursuivit son intervention.

"Si nous devions diviser le monde en cycles, le premier serait le Règne Minéral, puis le Règne Végétal, puis le Règne Animal, et après cela, il était prévu que le Règne Humain suivrait. Nous sommes maintenant arrivés à la fin du cycle du Règne Animal et nous avons appris à vivre en tant qu'animaux sur Terre.

"Au début de notre cycle, le Grand Esprit est descendu sur Terre et s'est révélé. Il a rassemblé les gens sur une île - qui est maintenant sous l'eau et qui, comme vous le savez, est l'Atlantide. Il leur a ensuite dit ceci: 'Je vous enverrai quatre points cardinaux et vous donnerai quatre couleurs de peau. Vous allez acquérir une connaissance que vous appellerez l'Ancienne Sagesse. Lorsque vous vous réunirez à nouveau, vous vous transmettrez vos connaissances acquises et vous deviendrez une grande et sage civilisation, vivant en paix. Je vous présenterai deux tablettes faites en pierre. Il ne faut absolument pas les fairetomber, car si cela devait arriver, la Terre souffrirait et finirait par mourir.'

"De cette façon, nous avons tous reçu la responsabilité que nous appelons notre Garde. À la communauté Rouge, il a confié la Terre. Ils devaient tout apprendre sur les plantes qui poussent dans le sol, la nourriture que nous pouvons manger et les herbes que nous pouvons utiliser pour guérir. Ces connaissances devaient être partagées avec les autres.

"La communauté Jaune s'est vu confier la responsabilité de l'Air. Ils devaient tout apprendre sur l'air et la respiration - comment l'utiliser pour le développement spirituel.

"À la communauté Noire, il a confié la responsabilité de l'Eau. On leur a fait comprendre que l'eau était le plus modeste, et pourtant le plus puissant, de tous les éléments.

"Enfin, la communauté Blanche a reçu la garde du Feu. Le feu se consume, mais il est aussi en mouvement. La communauté Blanche doit se déplacer à travers la surface de la Terre afin d'unir toutes les communautés en une seule famille humaine. Mais tout cela a malheureusement été oublié. Seuls les Indiens Hopi ont caché et conservé le savoir.

"Les Hopis ont toujours les deux tablettes de pierre de la communauté Rouge en Arizona. La communauté Noire garde les siennes au Kenya et la communauté Jaune au Tibet.

"Les tablettes de pierre de la communauté Blanche sont censées se trouver en Suisse, mais on n'en parle jamais - c'est un chapitre clos. Peut-être sont-elles toujours là, peut-être pas.

"Les Hopis ont toujours cru que la Terre se purifierait et se relèverait de son propre chef. Le fait de vivre à notre époque, est à la fois la vie la plus difficile endurer, mais aussi la plus remarquable. Nous sommes actuellement en plein milieu de cette purification, que beaucoup appellent l'Apocalypse.

"Nostradamus a prédit les grands tremblements de terre sur Terre. Ils ont déjà commencé à se produire. La guerre fait rage à l'Est et dans plusieurs autres endroits. L'humanité donne libre cours à ses désirs les plus sombres. Cependant, l'Amour demeure, et nous sommes nombreux à le préserver et à le répandre."

C'est ainsi que Hilarion a terminé son discours, qui a été chaleureusement applaudi, accompagné par cette magnifique musique qui, une fois de plus, a retenti tout autour de nous, comme si elle venait de tout part.

Lady Nada s'est précipitée sur le podium avant que la musique ne s'arrête. Elle a levé les deux bras pour signaler qu'elle souhaitait parler. Hilarion resta derrière elle jusqu'à ce que la musique se dissipe en un accord d'une résonance exquise.

"Je souhaite parler au nom des femmes!" Lady Nada s'écria. Sa voix était bien plus puissante que je ne l'avais imaginé.

"Durant cette période où la Terre va subir une métamorphose complète, les femmes seront plus que jamais nécessaires. Je n'ai aucune envie de minimiser les efforts des hommes, mais je voudrais rappeler à mes soeurs que nous devons unir nos forces si nous voulons faire face à la détresse, au désespoir, aux difficultés et à la terreur qui vont se présenter. Maintenant, nous toutes, mes soeurs, sommes débordantes de pouvoir de guérison, d'énergie et d'empathie. Tout ce que nous considérons ne pas pouvoir faire, ou ne pas savoir faire, nous sera communiqué par les Êtres de Lumière, que chacune de vous a le droit d'invoquer. N'oubliez jamais que nous ne sommes pas seuls; nous travaillons toutes ensemble et sommes toutes égales, avec des expériences et des compétences variées à faire valoir et à transmettre. Nous sommes toutes des femmes magiques, et nous appliquons de manière pragmatique notre magie là où il le faut. Unies, mes soeurs, nous sommes fortes! Aussi fortes que la vie elle-même!"

C'est alors qu'ont retenti de nouveaux applaudissements assourdissants, accompagnés d'une autre impressionnante expérience musicale. Lady Nada s'est dirigée vers Lydia et lui a fait un clin d'œil.

"Transmettez ce message à toutes les sœurs de l'armée scintillante des étoiles!" murmura-t-elle, avant que les deux sœurs ne s'embrassent chaleureusement.

"Il est maintenant grand temps pour nous de partir," annonça le Pèlerin, en prenant mon bras et la main de Lydia. Il s'inclina avec courtoisie et nous le suivîmes. Il se tut complètement dans la pièce pendant que nous sortions. Nous de près par de près par son magnifique chien, la queue haute, prêt à partir pour une nouvelle aventure.

Notre fidèle véhicule, l'aéroglisseur, se tenait toujours à l'extérieur du bâtiment, et nous attendait. J'étais encore un peu abasourdi par cette atmosphère cérémonieuse que nous avions laissée derrière nous. En grimpant, je suis tombé en plein sur Lissa, qui m'a gentiment reniflé la jambe et m'a léché la main.

"Maintenant, nous allons nous détendre et visiter l'École des Dragonniers," a déclaré le Pèlerin, alors que nous naviguions dans une atmosphère un peu plus fraîche, mais toujours très dégagée.

9. Les Dragonniers

Lorsque l'aéroglisseur a atterri, nous pouvions voir une clôture, ou une sorte de grille, et un passage que nous devions probablement traverser. Nous avons entendu un bruit sourd de battement d'ailes et peu après, nous en avons vu la source. Un homme, qui était inhabituellement petit pour un habitant d'Agartha, s'est précipité vers nous. Ce n'était pas un jeune homme, mais il semblait néanmoins plutôt agile, musclé et en forme. Il avait les cheveux gris, une barbe courte et pointue et des yeux gris-bleus malicieux. Il s'est précipité vers le Pèlerin, l'a embrassé, puis s'est tourné vers nous. Lissa a réagi comme si elle le connaissait bien.

"Je m'appelle Sirq, et je suis un Dragonnier," lança-t-il avec un grand sourire. "J'enseigne à des jeunes hommes et à des jeunes filles à monter à dos de dragon, et ceci n'est pas une tâche facile. Venez avec moi et vous verrez ce que je veux dire."

Nous l'avons suivi, à travers une petite zone boisée, et derrière les arbres, une brèche s'est formée. Nous étions arrivés dans une galerie qui était manifestement faite pour les spectateurs. Elle était assez haute, et après avoir gravi avec peine toutes les marches, nous en avons vite compris la raison.

Devant nous, il y avait une étendue d'herbe de la taille d'un terrain de football et, en dessous, une tribune pour les spectateurs. Mais ce qui se passait sur le terrain était la chose la plus fascinante que j'avais vue depuis bien longtemps. Comme d'habitude, Lydia me serrait le bras à chaque fois qu'elle était emballée et de bonne humeur.

Une rangée de dragons aux couleurs vertes étincelantes était alignée. J'en ai compté sept. À côté de chaque dragon se trouvait un jeune homme qui, malgré sa taille considérable, ressemblait à un petit lutin face aux imposantes créatures qui l'entouraient. Ils étaient très occupés à laver le museau des dragons, à les doucher et à leur nettoyer les pattes. Certains des dragons étaient couchés et se laissaient docilement soigner, tandis que d'autres se levaient, trépignant d'impatience et battant des ailes.

"C'est l'École des Dragons," nous a expliqué Sirq. "Nous éduquons les impressionnistes. Les impressionnistes sont ces rares individus qui ont trouvé et grandi avec leur propre œuf de dragon, et qui ont donc fait une impression sur embryon de dragon se développant à l'intérieur. Les deux sont liés l'un à l'autre de manière permanente et inextricablement puissante. Je vais descendre et demander à l'un des garçons de voler avec son dragon, afin que vous puissiez voir comment ça fonctionne."

"Peut-être aimeriez-vous faire un tour avec un dragon?" demanda le Pèlerin. "Si tu n'oses pas, je peux t'accompagner. Deux cavaliers, c'est très bien, je peux voler avec Jan, si Sirq veille sur Lydia."

Ce que nous avions vu nous a certainement donné envie d'essayer. Un des dragons, qui était debout, s'est penché sur le sol pour permettre à son cavalier de monter en selle. Ces selles solides étaient attachées aux dragons, un peu comme des selles de chameau, mais deux fois plus grandes. Chaque Dragonnier se positionnait derrière les oreilles relativement petites de son propre dragon, de façon à ce qu'il puisse entendre clairement ses paroles ou ses ordres, tout en maintenant un bon contact. Le garçon se pencha en avant et caressa le bout de l'oreille du dragon, ce qui déclencha son ascension dans les airs. Le souffle coupé, nous avons contemplé la créature se lever dans le ciel. Cela s'était fait avec élégance et douceur. Puis le dragon s'est mis à faire de grands cercles autour de nous. Il a ensuite piqué, tourné autour de nous et est remonté à nouveau.

"Il fait un looping," s'écrie Lydia, et le Pèlerin acquiesca "C'est incroyable! Oseras-tu monter, Jan?" J'ai hoché la tête, mais à l'intérieur je n'étais pas si convaincu. Certes, j'ai fait de nombreuses chevauchées tout au long de mes voyages, mais jamais sur un animal aussi gros. À moins que les machines volantes ne soient perçues comme des dragons, évidemment? J'ai souri en y pensant.

Le spectacle aérien était terminé. Sirq était revenu à la galerie. "Voulez-vous faire un petit tour, mes amis?" demanda-t-il. "Il y a deux vieux dragons très gentils qui sont habitués aux touristes. Leurs impressionnistes vous accompagneront et, si vous le souhaitez, le Pèlerin et moi aussi. Dans ce cas, quelqu'un devra s'occuper de Lissa, car elle est anxieuse quand son maître se met à chevaucher des dragons. Elle l'a déjà vu plusieurs fois. Nous pourrions, bien sûr, l'attacher très fort sur le dragon, si vous préférez l'emmener avec vous, Pèlerin. Mais dans ce cas, il n'y aura certainement pas de looping, je vous le promets!"

Il nous a fait descendre de la galerie et Lissa a commencé à gémir. Je me suis demandé si je n'allais pas faire de même, car ces énormes bêtes terrifiantes me faisaient un peu peur. Un ange ne doit pas avoir peur, et j'ai détourné mon regard de Lydia, qui marchait bras dessus bras dessous avec Sirq pendant que le Pèlerin attachait son chien.

On voyait bien que les deux dragons auxquels on nous avait conduits étaient âgés. Ils n'avaient pas été alignés au départ, et les jeunes dragons semblaient agir avec beaucoup de respect à leur égard. Ils se tenaient debout avec élégance et inclinaient la tête à plusieurs reprises devant leurs anciens compagnons. Je me sentais pris au piège, sans aucune chance de m'échapper. Je regardais Lydia s'approcher d'un des vieux dragons, lui tapoter le museau et lui chuchoter quelque chose dans sa "petite" oreille plutôt large. Le dragon lui a répondu en expulsant de ses narines de la fumée et en levant sa grande lèvre supérieure en guise de sourire.

Sirq l'aida à se hisser et sauta derrière elle. Son dragon était équipé d'une double selle qui semblait vraiment très confortable; mon dragon avait la même chose. J'ai fait comme Lydia. Je suis monté, j'ai caressé l'énorme museau de mon dragon et j'ai reçu en retour un nuage de fumée. Le Pèlerin était assis derrière moi, et sur les deux bêtes se trouvait également un impressionniste. Je pensais qu'ils ne faisaient qu'obéir aux ordres de leurs maîtres, ainsi nous attendions de recevoir un ordre de décollage. C'est arrivé!

Je ressentais une drôle de sensation dans l'estomac, même si j'étais sous la forme d'ange. Je n'étais pas tout à fait sûr d'être vraiment humain à ce stade, car les habitants d'Agartha étaient spéciaux, si on les comparait aux humains ordinaires en surface. J'ai donc dû me résigner au fait que mon estomac d'ange s'est un peu noué lorsque nous sommes montés en flèche dans le ciel. L'aéroglisseur flottait parfois assez haut, mais c'était plutôt comme si nous étions dans un hélicoptère. Le dragon auquel j'étais étroitement lié n'avait rien d'un hélicoptère. Celui de Lydia est resté assez parallèle au mien au début, mais tout d'un coup, il s'est détaché, et ce avec une vitesse impressionante.

Le ciel était complètement dégagé et le soleil d'Agartha, que je savais artificiel et extrêmement agréable, s'est rapproché sans qu'il ne devienne plus brûlant. J'étais ravi d'être assis là avec les mains du Pèlerin attachées autour de ma taille. Lissa était juste derrière son maître; on l'avait bien attachée avec une corde. Il avait décidé de faire sentir à son chien comment ça faisait de s'asseoir sur un dragon. Lissa semblait l'avoir bien compris, et sans se débattre, elle s'était laissée se faire attacher à la selle. J'avais lu des livres sur les Dragonniers lorsque je vivais sur Terre et je n'avais jamais trouvé ça particulièrement exceptionnel. En ce qui me concerne, les dragons avaient toujours existé dans la réalité, bien que je n'aie jamais osé écrire à leur sujet. Toutefois, j'ai certainement raconté des histoires de dragons à mes enfants lorsqu'ils étaient petits, bien que celles dont j'ai parlé n'étaient probablement pas des dragons aussi gentils que ces derniers.

J'ai entendu un cri, ou plutôt un gémissement, et j'ai vu le dragon de Lydia loin devant le mien. Il volait de travers, comme s'il était sur le point de s'effondrer. Lydia avait l'air de ne plus être attachée à Sirq.

"Nous devons aller vers eux, il s'est passé quelque chose!" cria le Pèlerin, et il donna un ordre à l'apprenti cavalier qui, à son tour, chuchota immédiatement à l'oreille de notre dragon. Il a ensuite plongé et s'est envolé à une telle vitesse vers l'autre dragon qu'avant même avoir eu le temps de réfléchir, nous étions en dessous et avons vu Lydia avec la moitié supérieure de son corps qui pendait dans le vide. Sirq la tenait fermement par la taille.

"Je vais la transférer par téléportation," criait-il. "Notre dragon est malade et doit être ramené à la maison. Je vais rester ici."

En un instant, Lydia était en face de moi sur ma selle, tandis que notre dragon planait dans les airs. Rapide comme l'éclair, le Pèlerin a attaché une corde scintillante autour d'elle, de sorte qu'elle était fermement fixée. Je regardai son visage d'une pâleur extrême et lui chuchotai: "Reste calme, mon Ange. Tu es entre de bonnes mains maintenant, et nous retournons sur la terre ferme."

"Il a fait un looping, même s'il n'en avait pas le droit," a-t-elle répondu avec faiblesse, avant de s'évanouir. Sa tête tombait en arrière et tapait contre mon épaule.

"Nous serons bientôt de retour sur terre," rassura le Pèlerin. Notre dragon déploya ses ailes et naviqua aussi vite que le vent, mais en toute sécurité, jusqu'à la piste pour dragon. Enfin, sur la terre ferme, j'ai enfin pu prendre une grande respiration pendant que nous aidions ensemble à détacher Lydia et à la déposer sur un banc dans la galerie. Lissa la rejoignit et se mit à la renifler et à la lécher de partout avec empressement.

"Retiens le chien," ai-je dit au Pèlerin.

Il s'est mis à rire. "Non," répondit-il, "parce que Lissa est en train de la guérir. Lissa est un chien guérisseur. Quand Lydia se réveillera, elle ne se souviendra pas de l'accident, mais pensera simplement qu'elle est revenue d'un merveilleux voyage en avion. Un voyage si beau, qu'elle se serait juste assoupie. Crois moi, il vaut mieux qu'il en soit ainsi."

Tiens, tiens, un chien guérisseur! Lissa était sans aucun doute un très bon chien, mais je n'aurais jamais soupçonné que les chiens avaient la capacité de guérir les gens! Désormais, je devrai considérer ces animaux fantastiques d'une toute autre manière. J'avais appris ce jour-là beaucoup plus sur les animaux. Les dragons aussi étaient absolument fantastiques.

Comme s'il venait de lire dans mes pensées, le Pèlerin a alors dit: "Il est possible de discuter avec les dragons. Il y a vraiment des dragons qui peuvent parler, même si c'est surtout par télépathie. Leur niveau d'intelligence peut être comparé à celui des dauphins - et leur intelligence est plus élevée que celle des humains. Vous en apprendrez plus à ce sujet en visitant Sirius. Malheureusement, le dragon de Lydia a dû tomber malade, ce qui n'arrive que très rarement. Vous avez eu un véritable coup de malchance. Il arrive parfois que les dragons parviennent à attraper et à manger quelque chose qui ne leur réussit pas en volant."

"Cependant, nous devons d'abord aller aux Pléiades, pour y visiter une planète", ai-je dit, "bien qu'à ce moment précis je préférerais rester un peu plus longtemps à Agartha. Il y a tellement de choses à voir et à apprendre ici."

"Toi et Lydia êtes les bienvenus pour venir chez moi, dans ma demeure, afin que je puisse répondre à toutes vos questions et vous en dire un peu plus sur le pays dans lequel vous vous trouvez maintenant."

Sa demeure? Je pensais que le Pèlerin était une âme errante et ce pour l'éternité. Il a dû deviner ce à quoi je pensais, car à l'instant même, il a éclaté de rire et m'a tapé sur l'épaule.

"Il est vrai que j'erre beaucoup," dit-il, "mais je rentre aussi chez moi de temps en temps et je me repose un peu, notamment parce que Lissa a aussi besoin de se reposer de temps à autre. Elle est tout pour moi. Il y a encore quelques petites choses à découvrir sur Agartha - par exemple, comment cette partie de la Terre est gouvernée et pourquoi tout semble si paisible et harmonieux ici. L'aéroglisseur nous attend!"

10. Les Cités de Cristal et le Système de Clans

L'aéroglisseur était un véhicule magique. Lydia n'avait pas l'air de s'intéresser à ce qui s'était passé pendant qu'elle dormait, mais a sauté dans l'aéroglisseur avec un visage rayonnant de joie.

"C'est tellement génial de savoir comment fonctionne Agartha," s'est-elle exclamée. "Je suis si curieuse de savoir comment elle est dirigée. Je sais que nous avons rencontré les Douze dans ce magnifique bâtiment, mais je ne comprends toujours pas comment tout fonctionne ici. Comment est-il possible que les choses soient si calmes et si bien organisées, et que tout le monde soit aussi heureux? Même les animaux semblent si sages, et pas le moins du monde agressifs. Je n'ai pas entendu un seul chien aboyer depuis que nous sommes arrivés ici, mais seulement des oiseaux chanter, c'est presque trop parfois." Elle a ri et a envoyé des baisers aux oiseaux cachés dans les arbres.

En arrivant à la demeure du Pèlerin, nous étions d'autant plus déconcertés. Il habitait dans une grotte au milieu des bois. Elle était profondément enfoncée dans la verdure qui poussait un peu partout, ce qui la rendait pratiquement impossible à détecter. Heureusement qu'il avait fait certaines marques au sol, créant un chemin que nous avons pu emprunter. C'était déjà assez étrange de sortir de l'aéroglisseur au milieu d'un bois, mais voilà que Lissa s'était mise à aboyer de joyeux petits "ouafs" tout en agitant sa queue dans les airs. Cependant, nous n'avons pas pu voir la voir bien longtemps car nous suivions notre ami au plus profond d'une forêt vierge et sauvage.

L'entrée de cette caverne était fermée par une porte, qui s'est ouverte en grand à notre arrivée. Stupéfaits, nous avons franchi le seuil d'entrée en forme de tronc d'arbre et sommes directement tombés sur une agréable pièce avec des murs et un sol en pierre, ainsi qu'une flamboyante cheminée. Face au feu se trouvait un long canapé incurvé et une table basse. Le Pèlerin nous a invités à nous asseoir. Instantanément, un plateau rempli de sandwiches aux arômes alléchants acompagnés d'une cruche remplie de cette délicieuse bière d'Agartha est apparu. Nous étions alors affamés et même Lydia avait un bon appétit et appreciait le festin. Une fois rassasiés, le Pèlerin s'est mis à parler.

"Il est difficile de se concentrer avec un estomac vide," dit-il en riant. "Vous vouliez savoir comment Agartha est gouvernée, alors je vais vous expliquer comme si vous étiez des êtres humains de la surface, comme vous l'avez été en réalité!

"Que la Terre est creuse, vous le savez déjà. Vos dirigeants ont réussi, au fil des siècles, à dissimuler ce fait, de peur que cela n'entraîne une diminution de leur propre pouvoir sur la Terre Mère. Cela pourrait même, oh malheur, conduire à des améliorations au sein de la société et à la mise en pratique d'autres modes de pensée. Meilleurs en plus! Le problème est que les conséquences pourraient s'avérer désastreuses pour les personnes en position de pouvoir.

"On pourrait dire que la Terre a une croûte intérieure qui est la continuation de la croûte extérieure. Aux deux pôles, il y a des entrées en forme de trous, où la croûte se rabat vers le bas et se glisse dans la cavité qui s'y trouve. C'est à l'intérieur de cette cavité que les tunnels commencent. Les croûtes externes et internes ont une topographie similaire: toutes deux sont composées de mers, de continents, de montagnes, de lacs et de rivières. Le noyau de la partie interne, c'est-à-dire le Soleil Central, est enveloppé d'un voile de nuages. La lumière qui s'y trouve est plus faible que celle du Soleil extérieur, de sorte que la lumière du jour est plus douce à l'intérieur de la Terre qu'à l'extérieur. Au sein de la Terre Intérieure, il existe ce qu'on appelle des mondes caverneux. Ce sont d'énormes trous, dont beaucoup ont été créés naturellement par la Terre Mère, tandis que d'autres ont été construits en appliquant la technologie avancée d'Agartha. Cette Terre est la toute dernière partie de la Lémurie qui subsiste."

"Cela veut-il dire que nous sommes vraiment assis en Lémurie en ce moment?" s'interposa Lydia, quelque peu effrayée.

"D'une certaine manière, oui!" répondit le Pèlerin en souriant. "Et aussi en Atlantide, si vous voulez. Mais les dirigeants de l'Atlantide n'étaient pas très gentils avec les Lémuriens. Ils scellèrent toutes les entrées de la Lémurie, c'est-à-dire l'actuelle Agartha. Juste avant la destruction de l'Atlantide, les Lémuriens ont réussi à briser les scellés, sauvant ainsi de nombreux êtres humains en surface d'une mort certaine. Malheureusement, les Anunnaki sont devenus les dirigeants de la surface, et je sais que vous savez comment cela s'est terminé pour eux." *(Commentaire de Mariana: J'ai écrit à ce sujet dans mon livre précédent sur Agartha.)*

J'ai acquiescé en hochant la tête.

"Très bien. Ce n'est pas un chapitre très agréable à aborder." Le Pèlerin nous a servi d'autres rafraîchissements. Lissa s'approcha de Lydia et sembla écouter attentivement son maître.

"Les Lémuriens qui ont survécu au Grand Déluge se sont rassemblés et ont nommé leur nouvelle communauté Agartha. La capitale, Shamballa, a commencé à être construite dans une caverne qui s'étendait loin sous la ville de Lhassa, de ce qui est encore le Tibet en surface. Aujourd'hui encore, de nombreux tunnels relient Shamballa à la partie supérieure de l'Himalaya. Ces tunnels étaient utilisés par des Hommes sacrés qui recherchaient le monde de la surface afin de répandre leur sagesse. Ils continuent à le faire, bien qu'avec moins de succès, car il y a moins de personnes qui les écoutent.

"Le monde d'Agartha est en fait assez semblable au monde de surface. La Terre Intérieure englobe un écosystème florissant où l'on peut redécouvrir des animaux et des plantes qui ont disparu à la surface. Les habitants d'Agartha prennent soin de cette faune et de cette flore et les préservent. Les Agarthiens eux-mêmes vivent dans des villes de cristal qui sont réparties sur toute la Terre Intérieure.

"Agartha a, au fil du temps, créé une sorte de Société Galactique vivante. Un système de douze clans existe au cœur de leur Société. Ces clans sont organisés en fonction de leurs missions respectives, par exemple: administration, technologie, guérison, recherche, etc. Chaque clan est constitué d'un certain nombre de modules, qui à leur tour sont constitués d'un certain nombre de petits modules. Chaque clan est constitué d'un certain nombre de pods, qui à leur tour sont constitués d'autres modules. Les modules d'un clan peuvent communiquer avec les modules d'un des onze autres clans. Ces modules forment des mini-communautés, chacune d'entre elles disposant de ressources suffisantes pour trouver de manière créative des solutions à tout problème éventuel qui pourrait survenir.

"Le Conseil d'administration d'Agartha est composé de douze membres principaux issus de ces clans. Ceux-ci ont été choisis en raison des services qu'ils ont rendus aux clans et à la société. Le Conseil de Direction sélectionne un individu jugé le plus sage. Cette personne reçoit le titre de Roi ou de Reine et se voit confier la responsabilité d'une immense armée d'émissaires ou d'officiers de liaison qui sont envoyés dans le monde d'en haut et au Conseil de la Fédération Galactique.

"Une forme avancée de technologie appelée réplicateurs permet à chaque personne de créer elle-même sa nourriture et ses vêtements quotidiens. Chaque cité de cristal est donc indépendante, car il n'y a ni construction de bâtiments, ni agriculture, ni aucune autre forme de fabrication. Chacun crée individuellement son propre mode de vie de la manière qui lui convient. La technologie permet également de transporter les gens partout en un instant..."

"En d'autres termes, les aéroglisseurs sont vraiment superflus," a déclaré Lydia, estimant que c'était le bon moment pour intervenir.

"Vous devriez savoir," répondit le Pèlerin en souriant, "que cette superbe technologie est utilisée en ce moment même pour tenter d'unir Agartha à ses frères et sœurs de surface Même pour nous, il est amusant et enrichissant de pouvoir étudier la nature depuis un aéroglisseur. Nous sommes de plus ravis d'avoir l'opportunité de partager nos connaissances." Il se tut alors et nous avons applaudi jusqu'à ce que Lissa commence à grogner. Elle pensait que nous étions un peu turbulents, je suppose.

"Reposez-vous un peu ici, avant que nous ne nous envolions!" suggéra le Pèlerin. Lydia posa sa tête sur un coussin du canapé et releva ses jambes autour du chien. Lissa fit un petit somme, bien serrée contre elle. J'ai regardé le Pèlerin avec curiosité et il m'a fait signe.

Il m'a demandé: "Veux-tu en savoir plus avant de nous quitter?," et j'ai couru vers lui. Je l'ai rejoint à l'aéroglisseur, prêt pour une nouvelle sortie dans les airs.

"Nous n'avons pas beaucoup parlé de Telos, ni même visité, à part l'accueil rapide que tu as reçu avec Lydia chez Boron. La ville est construite sur cinq niveaux, ce qui est peut-être un peu difficile à comprendre pour un ancien habitant de la surface."

"Pas du tout," ai-je répondu sincèrement. "Ma femme était très fière de faire des gâteaux en plusieurs couches, et ce n'est donc pas nouveau pour moi. Quelle idée fascinante, de construire une ville à plusieurs étages."

"C'est en effet ingénieux et à de nombreux points de vue," répondit le Pèlerin. "Au fond et en hauteur, vous voyez! Plus haut, si nous commençons par le haut, vous avez le centre pour le commerce et l'administration. Il est placé assez près de la surface. La partie supérieure est en forme de pyramide. C'est là que se trouvent tous les bâtiments publics et officiels, y compris un grand hôtel pour les visiteurs venant de la surface. On y trouve également une tour de communication, un aérodrome et diverses résidences."

"Commerce?" J'interviens. "Un aérodrome pour les vaisseaux spatiaux? Pourquoi la surface ne sait-elle rien à ce sujet?"

"Telos est situé près de la surface et est légèrement influencé par les êtres humains qui y vivent," dit le Pèlerin, en souriant. "Au niveau quatre, il y a des zones résidentielles, et on y fabrique beaucoup de choses sans utiliser de machines. Toutes les maisons sont rondes et il y a des logements pour tout le monde! Personnes seules, couples et familles nombreuses. Comme les maisons sont circulaires, il n'y a jamais de poussière - ce qui n'est pas le cas sur Terre!

"On trouve l'agriculture biologique au troisième niveau. Notre culture respectueuse de l'environnement est extrêmement avancée. Les fruits, les légumes et les produits à base de soja sont deux fois plus savoureux et prolifiques que ceux cultivés en surface. On n'y trouve que de la nourriture végétarienne.

"Au deuxième niveau, il y a davantage d'agriculture, un peu de production manufacturière, et quelques parcs.

"Le premier niveau est celui de la nature. On y trouve tous les animaux qui se sont éteints à la surface, ainsi qu'une faune quelque peu différente. La violence et la chasse n'existent pas ici."

"Comment parviennent-ils à survivre?" Je me suis demandé.

"La nature doit suivre son cours. Les Hommes ne tuent pas les animaux et vice versa, car les animaux ne les considèrent pas comme leurs ennemis. On nourrit certaines espèces, comme dans un zoo. Certaines tombent malades, les petits peuvent perdre leurs parents, mais nous veillons à ce que tout soit pris en charge et à ce que tout se passe bien. Il y a beaucoup de gens qui travaillent avec les animaux et les plantes."

Pendant que le Pèlerin parlait, nous nous déplacions en montant et descendant comme des balles de golf. Nous ne nous sommes jamais arrêtés, mais j'ai vu plus d'espèces animales que je n'en avais jamais rencontrées durant ma vie terrestre. Puis j'ai commencé à m'inquiéter pour Lydia.

"Elle n'aurait jamais réussi à encaisser tout cela," remarque le Pèlerin. "Vous devrez lui raconter tout cela pendant votre voyage."

"J'ai une autre question," annonçai-je. "Parlez-vous tous la même langue dans tout le pays?"

"Nous parlons une langue que nous appelons la langue du soleil, mais les dialectes varient d'une ville à l'autre. Nous avons un système informatique très avancé, que tout le monde utilise."

"Vous avez des ordinateurs?" me suis-je exclamé avec

joie. "Comment se fait-il que je n'en ai jamais vu?"

"Parce qu'ils ne ressemblent pas à ceux de la surface," me répondit le Pèlerin. "De plus ils sont bien plus efficaces, sans câbles et sans tracas. Et puis, ils ne coûtent rien, car l'argent n'est pas utilisé ici. Pas mal, hein?"

"Tu ne peux donc pas aller au cinéma ou au théâtre?" ai-je reproché.

Le Pèlerin m'a tapé sur l'épaule. "Mais bien sûr qu'on peut!," répliqua-t-il. "Il y a beaucoup de divertissements de ce genre ici. Sinon, comment pensez-vous que nous puissions apprendre quelque chose? Nous avons Porthologos, qui a énormément à offrir, mais il y en a aussi beaucoup d'autres. Il suffit d'y aller, aucun ticket n'est demandé."

L'aéroglisseur a ralenti et s'est balancé au-dessus de la mousse de la forêt, juste à l'extérieur de la maison du Pèlerin. A l'intérieur, nous avons trouvé une Lydia un peu furieuse, qui venait de se réveiller. Ainsi, la réception fut un peu tumultueuse. Mais le Pèlerin s'est contenté de rire et nous a servi un délicieux plat végétarien et du vin d'Agarthan, pour nous donner des forces en vue de notre départ pour les Pléiades. Cette mission sera certainement longue et ardue!

11. Étape suivante: Les Pléiades

"Qui êtes-vous vraiment?" demandai-je au Pèlerin, après avoir terminé le plus exquis des repas d'adieu dans sa grotte.

Il m'a répondu avec un sourire indéfinissable et m'a répondu avec gravité: "C'est une question à laquelle je pourrais peut-être répondre lorsque nous nous reverrons. J'espère que vous reviendrez à Agartha avant de rentrer chez vous. Sinon, Lissa sera très fâchée - et moi aussi!"

Lydia a jeté ses bras autour du cou du Pèlerin un peu effrayé et lui a donné deux gros bisous sur ses joues.

"Tu peux compter là-dessus!" lui promit-elle. "Jan et moi adorons cet endroit - et la prochaine fois, je voudrais qu'on me montre Telos. En outre, j'aimerais beaucoup revoir Boron, Tulli et Nelsea. S'il vous plaît, embrassez-les de notre part, d'accord?"

Le Pèlerin hocha la tête avec enthousiasme et sa belle chienne, Lissa, s'assit avec la tête tristement inclinée; Lydia allait lui manquer.

"Si vous avez désespérément besoin d'aide, vous pouvez appeler Lissa," conseilla le Pèlerin. "Elle peut entendre un appel de Lydia à des millions de kilomètres et, tout comme moi, elle peut voyager rapidement à travers le temps et l'espace. Si vous appelez, vous nous aurez soudain tous les deux avec vous. Mais n'oubliez pas: Ne le faites que si c'est une urgence!"

"Cela nous rassure beaucoup!" répondis-je, tout en embrassant mon ami avec reconnaissance. "Maintenant, je pense vraiment qu'il est temps pour nous de partir à la recherche des régions inexplorées des Pléiades. Jusqu'à ce que nous nous rencontrions à nouveau, cher ami!"

J'ai tiré Lydia tout près de moi, et nous savions tous les deux ce qu'il fallait penser et dire pour changer d'environnement. Quelques secondes seraient comme un siècle, en comparaison avec le temps que prend une telle transition. Avant même de nous en rendre compte, nous étions là, serrés l'un contre l'autre: deux anges en terre inconnue, sur une étrange planète dans un espace sans limite.

Lydia fut la première à s'éloigner et à faire quelques pas pour environs. L'endroit ne paraissait pas si étrange.

Nous nous trouvions dans une vallée. Il y avait de hautes falaises tout autour de nous, ce qui nous donnait l'impression d'être dans une grande marmite. Comment allions-nous nous en sortir? Nous sommes des anges, alors nous avons pris notre courage à deux mains.

Le ciel au-dessus de nous était bleu et il devait y avoir un soleil qui brillait, car on apercevait ses rayons qui nous cherchaient à travers les fissures de la paroi rocheuse et nous chatouillaient le nez et la bouche, ce qui nous faisait rire.

Nous entendions alors derrière nous un "Ho ho, hello!" C'était une voix plutôt faible et aiguë. Je me suis retournée en même temps que Lydia. Elle a poussé un petit cri et j'ai tressailli. Un garçon se tenait là, et ça ne pouvait être que lui. Il était grand et mince, et avait des cheveux épais, touffus et de couleur foncée. Ses yeux étaient anormalement grands, mais je me suis souvenu avoir entendu dire que les habitants des Pléiades étaient comme des humains - mais avec de très grands yeux. Il était vêtu d'un pantalon court, sombre et serré qui tombait au niveau des genoux, et d'une chemise blanche froissée. Le garçon avait une rangée blanche de dents légèrement pointues mais ne semblait pas le moins du monde menaçant.

"Qui êtes-vous?" a-t-il demandé. "Je m'appelle Maris et ma petite soeur s'appelle Toya. Hé Toya, où es-tu? Sors tout de suite, tu m'entends? Ce sont de gentils non-Pléiadiens, ils ne sont pas dangereux!"

Derrière un buisson qui poussait près de la falaise, on entendit un bruissement et un enfant plus petit en sortit, avec des yeux aussi grands et de longs cheveux noirs et crépus. Lydia tomba à genoux et saisit les mains de la fillette.

"Bonjour, Toya." Elle s'est mise à rire. "Nous venons d'arriver ici de la part d'Agartha. Nous voulons juste visiter un peu et voir comment c'est sur votre planète. Est-ce que vous habitez à proximité?"

Je ne sais pas vraiment pourquoi, mais nous, les anges, ne semblons jamais avoir de difficultés avec les langues. Nous avons pu converser sans aucune difficulté, mais ne me demandez pas quelle langue nous parlions. Quelle que soit la langue, je répondais - et cela se passait toujours très bien. Mais laissons ce sujet de côté et continuons cette discussion.

"Oui, nous allons vous conduire à notre mère," répondit le garçon. "Mon père est avec le Commandement d'Ashtar toute la journée et nous ne savons pas quand il sera de retour, mais notre mère est à la maison."

Un coin de la falaise dépassait un peu. Je n'y avais pas pensé plus tôt, mais au milieu de celle-ci se trouvait un ascenseur. Je ne l'avais tout simplement remarqué, ce qui n'était pas surprenant, car il faisait plutôt sombre. Maris a pris sa soeur et s'est précipité dans l'ascenseur. Nous nous sommes précipités à sa poursuite. Il a appuyé sur un bouton, comme on le fait sur Terre, et l'ascenseur s'est mis à siffler. Et il a vraiment sifflé! Si j'avais eu assez de temps pour réfléchir, j'aurais été pris de panique et j'aurais tremblé comme une feuille, mais ni Lydia ni moi n'avons réussi à ressentir quoi que ce soit avant que l'ascenseur ne s'arrête.

Maris nous a dépassés en sifflant avec sa petite sœur assise sur ses épaules. Nous le suivions à travers les portes ouvertes de l'ascenseur, et à l'instant où nos pieds ont franchi la porte, l'ascenseur s'est mis à redescendre. Nous avons poursuivi notre petit garçon Pléiadien. Malgré sa petite sœur, il se déplaçait incroyablement vite. Nous avons remarqué que ses pieds touchaient bel et bien le sol, contrairement au vol stationnaire d'Agartha. À notre grande surprise, nos pieds marchaient normalement et touchaient le sol, bien que les anges soient bien sûr plus légers que les êtres humains ordinaires. Je me suis demandé si nous n'avions pas été à nouveau incarnés en tant qu'êtres humains. J'ai pincé Lydia légèrement lorsqu'elle est passée devant moi (il faut profiter du fait d'être humain, même pour un court instant!). Elle a crié, ce qui m'a permis de lui donner un petite tape sur les fesses. Si elle avait encore sa forme angélique, elle ne l'aurait pas du tout sentie.

J'ai fini par voir que nous courions le long d'un étroit chemin forestier qui, à bien des égards, ressemblait à celui d'un bois suédois. Peut-être que les arbres étaient un peu moins denses ici, et peut-être que les aiguilles de pin tombées sur le sentier étaient plus longues, plus épaisses et plus vertes, mais sinon il ne semblait pas y avoir de grandes différences. Puis nous sommes sortis des bois, mais Maris ne s'est pas arrêté, et Toya a continué à jouer à faire du cheval sur ses épaules. On a commencé à apercevoir quelques maisons.

Aux Pléiades, les maisons n'étaient pas rondes, du moins pas sur cette étoile. Elles n'étaient pas non plus comme les maisons ordinaires sur Terre, à part le fait qu'elles étaient à même le sol et avaient un toit. Elles étaient de tailles et de couleurs différentes.

Il est difficile, en un mot, de décrire des maisons qui

varient autant en taille, en couleur et en style. Maris s'est soudainement arrêté, j'ai alors immédiatement porté toute ma concentration sur ce bâtiment particulier qui se dressait devant nous. Le toit pointu incorporait toute la maison. En fait, le toit s'étendait du haut, sur les quatre murs, jusqu'au sol. Cela avait certainement l'air assez étrange, mais je suppose qu'on pouvait s'y habituer.

"J'ai vu des photos montrant comment les maisons sont sur Terre," dit Maris, haletant et soufflant en posant sa petite sœur sur le sol. "Vous avez des toits si particuliers. Nos toits cajolent les maisons, les rendant chaudes et douillettes. Vos maisons laissent entrer le froid et la chaleur. Nous vivons dans une véritable promiscuité! Regardez autour de vous et vous verrez ce que je veux dire."

J'ai regardé autour de moi et j'ai soudain compris exactement ce qu'il voulait dire. Lydia a fait de même. Les maisons étaient alignées en courtes rangées, avec des rues entre les deux, des rues bordées de verdure. Tous les toits avaient quatre côtés et descendaient jusqu'au sol - mais où étaient les portes et les fenêtres? Il n'y avait pas non plus de marches. Quand Maris a vu les expressions de nos visages, il a éclaté de rire, Toya aussi! La plupart des maisons étaient de forme carrée. Quelques-unes plus grandes étaient rectangulaires, et puis je n'ai pas pu voir plus loin, car l'allée s'est terminée. Il y avait de la verdure partout: des arbres, des buissons et des petits arbustes devant certains de ces toits.

Pour entrer dans une maison, il fallait l'ouvrir de la même façon qu'on ouvre une porte de garage chez soi. La porte s'est soulevée d'elle-même lorsque Maris a appuyé sur un bouton, et il nous a fait signe de le suivre à l'intérieur. En fait, c'était vraiment comme entrer dans un garage, sauf que ça ne sentait pas l'essence. Ça sentait bon et frais comme le parfum des fleurs - et quelque chose d'autre qui, sans aucun doute, devait être de la nourriture. Il faisait très clair à l'intérieur.

"Tu peux venir aussi," dit la petite Toya, et prit Lydia par la main. "Maris peut s'occuper du vieux schnock."

C'était moi le le "vieux schnock," mon esprit d'ange était un peu offensé. Mais ensuite, j'ai regardé par terre et j'ai vu que mon corps paraissait solide et humain, elle n'avait pas pu le deviner. Il avait de nouveau subi des changements à cause du temps. J'ai soupiré et j'ai regardé autour de moi, en reniflant l'agréable odeur de nourriture. Mon estomac grogna, indiquant que j'avais assurément faim.

Je ne voyais aucune porte. La disposition de la maison à notre droite semblait complètement décloisonnée. Je pouvais voir des meubles qui me rappelaient ceux de la Terre. Des tables basses, des armoires vitrées et d'autres.

"Ne restez pas là à regarder comme ça!" La petite voix aiguë de Maris grinça. "Maman veut que tu viennes dans la cuisine. Lydia est déjà en train de manger!"

Cette dernière phrase a immédiatement mis mes longues jambes en mouvement. J'ai pris la fuite derrière le garçon et suis arrivé dans une cuisine spacieuse et très allongée. À gauche, il y avait une grande alcôve avec une table des des chaises, où Lydia était assise. Elle a souri en me voyant. J'ai failli me heurter à une femme, qui m'a poliment arrêté.

"Tu dois être Jan!" annonça-t-elle. "Je suis la mère de ces deux petites canailles. Ici, on dit 'maman' ou 'mo'. J'imagine que vous devez avoir très faim. On m'a préparé pour votre arrivée, alors s'il vous plaît, mangez!"

La femme était grande et un peu ronde, avec un très beau visage et des cheveux longs et clairs.

"Oh, au fait, je m'appelle Gredine! Vous pouvez rester avec nous pendant votre séjour ici. Le Pèlerin nous a fait savoir que vous étiez de passage. Les enfants devaient venir vous chercher dans la vallée, mais je vois bien que vous vous êtes posé des questions; ils sont plutôt turbulents."

C'est le moins qu'on puisse dire, pensais-je, mais j'ai juste souri, hoché la tête et me suis rapidement assis à côté de Lydia. En un instant, on posa une assiette sur la table. Malgré sa finesse, l'assiette semblait être en pierre, et la cuillère était également du même matériau. Sur l'assiette était servi un plat de légumes très chaud. Des végétariens ici aussi, me suis-je dit.

Aux Pléiades, on mangeait à peu près les mêmes légumes qu'à la maison, du moins le goût me rappelait un mélange de choux de Bruxelles, d'oignons et d'autres choses qui étaient nouveaux pour moi. C'était vraiment délicieux.

"Quand vous aurez mangé à votre faim, vous pourrez jeter un coup d'œil à notre jardin et vous reposer un peu avant que mon mari ne rentre à la maison," a suggéré Gredine. "Je sais qu'il aimerait vous parler et qu'il voudra certainement vous faire visiter les lieux. Nous avons de petites machines volantes qui fonctionnent aussi bien que vos voitures, mais sans pour autant empoisonner l'air."

Le jardin parfaitement entretenu était d'une beauté étonnante. Il était plein d'arbres fruitiers et de baies. Il y avait aussi un potager contenant une grande variété de légumes. Lydia s'est effondrée sur un petit banc et a gémi: "Voir tout cela me donne terriblement le mal du pays. J'ai adoré planter des graines et les regarder pousser. Pensez-vous qu'on nous emmènera voir un peu plus la ville - si c'est bien une ville?"

"Patience, mon ange!" J'ai alors dis, en enfonçant mes dents dans un fruit rond et lisse qui n'avait ni le goût d'une pomme ni celui de la poire, mais une sorte de mélange des deux. C'était doux, juteux, sans défaut et très agréable. "Eh bien, ils savent certainement comment faire pousser les fruits ici," murmurai-je.

"Eh bien, vous aussi sur Terre!" rétorqua une voix enjouée, apparemment venant d'un grand homme blond, assez costaud, qui apparut soudainement du chemin menant au jardin. "Je suis Peanon, le mari de Gredine et un bon ami du Pèlerin. Bienvenue, chers invités!"

Peanon semblait être un homme très convivial, et avant même que nous le sachions, nous étions assis dans sa propre embarcation de transport. Il insistait beaucoup sur "sa propre embarcation", qui était assez semblable à l'aéroglisseur d'Agartha. Plus tard, j'ai compris que ces moyens de transport étaient de conception très différente, tout comme les voitures sur Terre.

"Les Pléiades sont composées de nombreuses Sociétés Galactiques très avancées qui, ensemble, forment un brillant amas d'étoiles," a expliqué Peanon, tandis que l'engin flottait calmement dans une atmosphère claire et douce. Nous avons vu les toits à quatre pans, ou devrais-je dire les maisons couvertes de toits, jusqu'à ce que le vaisseau de voyage s'abaisse et atterrisse au niveau d'une brèche.

"Nous sommes maintenant sur une planète des Pléades au nom d'Electra," a-t-il poursuivi, "une des étoiles que vous appelez générallement les Sept Sœurs. Nous n'avons pas de grandes villes comme sur Terre; nous préférons les petites communautés, où la plupart des gens se connaissent et vivent heureux ensemble. Notre culture vise principalement à combiner l'art et la logique, ce qui est probablement un concept que les terriens ne peuvent pas saisir."

"Vous pouvez nous appeler les Anges de la Terre," ai-je interrompu en souriant, et Lydia qui a éclaté de rire. Notre hôte a fait un signe de tête de consentement. Il émanait de lui un air de calme et de dignité que j'avais rarement vu. Tout cela était combiné avec élégance, sagesse et humour. Les

Pléiades commençaient vraiment à devenir un amas d'étoiles vraiment intéressant.

12. Un Parlement Pléiadien

Devant nous se trouvait un bâtiment plus grand que tous ceux qui nous entouraient. Mais il avait aussi un toit à quatre côtés. Lydia l'appelait "le toit câlin". Il s'agissait probablement d'un bâtiment administratif ou quelque chose comme ça, or son toit était couvert d'une multitude de couleurs variées et superbes.

"C'est le bâtiment de notre Parlement," nous a dit Peanon. "Si vous le souhaitez, nous pouvons l'appeler la Maison du Gouvernement Pléiadien. C'est ici que toutes les décisions sont prises, les lois adoptées et les ordres donnés. C'est aussi ici que tous les secteurs de la conscience qui n'ont pas encore été utilisés ou qui sont encore en sommeil sont activés. C'est le cœur même des Pléiades. Entrez, mes chers amis, je vous en prie, entrez!"

Nous avons franchi la grande "porte de garage" aux couleurs éclatantes qui se glissait vers le haut pour découvrir un intérieur si bien éclairé que nous avons dû nous protéger les yeux.

"Vous vous habituerez à la lumière," nous a assuré la voix apaisante de Peanon. "Vous subissez maintenant un rayonnement édifiant et bienfaisant avant de franchir le seuil d'entrée. C'est une procédure nécessaire pour tous les visiteurs."

Lydia chercha ma main à tâtons, et j'essayai de la mettre en confiance. Je me sentais en fait très en sécurité, baignant dans cette lumière puissante, avec toute sa chaleur aimante qui cherchait son chemin à travers tout mon corps, qu'il soit complètement humain ou non. Un bref instant dans la lumière cosmique devenait une seconde de la vie qui était la mienne en ce moment. Peanon nous a fait signe de le suivre, et sitôt que nous avions quitté l'explosion de lumière, tout était redevenu presque normal - si la cinquième dimension peut être considérée comme normale. La troisième ne m'a certainement pas manqué!

Les sols et les murs semblaient être faits de marbre dans des nuances de vert et de rose. Je ne peux pas dire exactement quels matériaux se trouvent sur une autre planète, c'est pourquoi vous devrez vous contenter que je dise "ressemblait". Peut-être que les différents matériaux ne sont pas aussi différents qu'on pourrait le penser, par rapport à ceux de la Terre. Il est possible que toutes les planètes aient la même base géologique que notre planète. Jusqu'à présent, il n'a pas été possible de le prouver concrètement.

Nous sommes entrés dans une pièce, vraisemblablement un bureau. Chaque mur était un écran d'ordinateur, affichant diverses images. Les occupants, tous assis à de petites tables très charmantes, appuyaient sur les boutons d'une étrange machine qui se trouvait sur chaque table. Je n'avais jamais vu quelque chose de semblable auparavant car ils n'étaient ni vraiment des ordinateurs ni des téléviseurs.

"C'est la pièce dans laquelle se fait toute la communication avec les autres planètes," nous a informé notre guide. "L'Univers tout entier est à notre portée. Mais nous devons aller de l'avant."

Comme je n'ai pas compris un iota de ce que j'ai vu, et apparemment Lydia non plus, nous n'avons pas hésité à lui obéir. Les photos sur les murs étaient en couleur, et certaines d'entre elles donnaient une impression étrange. Elles projetaient des espèces d'êtres inconnus, qui ne ressemblaient pratiquement pas aux humains. Mais tous ceux qui étaient assis dans la pièce avaient l'air complètement humains.

Les portes et les fenêtres semblaient être en verre, comme à la maison, mais celui-ci n'était en revanche pas transparent. La ventilation était agréable, de sorte que l'on ne se sentait pas enfermé. Nous sommes arrivés dans un couloir dont les murs et les portes étaient joliment décorés de motifs en verre opaque. Peanon a ouvert une porte et nous sommes entrés. À l'intérieur, il y avait une longue table et sept confortables chaises - qui étaient en fait des fauteuils réglables en fonction de l'individu.

Peanon a fait sonner une petite cloche, qui a instantanément convoqué un homme et une femme dans la pièce. C'étaient aussi des humains, qui étaient très séduisants et très beaux. J'estime qu'ils étaient d'âge moyen. Ils étaient tous deux minces, de taille moyenne, et avaient de longs cheveux clairs. Ils avaient également tous deux des yeux bleu foncé, mais étaient très différents l'un de l'autre. L'homme était un peu plus costaud que la femme; il avait des cheveux touffus qui se dressaient bien droits, et il avait une courte barbe. La femme avait les cheveux bouclés et portait une tunique soyeuse, jaune vif et chatoyante, tandis que l'homme était vêtu de bleu. Apparemment, les tuniques et les pantalons amples étaient à la mode ici, ainsi que les sandales dorées ou argentées.

La dame était parée de fabuleux bijoux, si fascinants qu'on ne pouvait que les regarder, en oubliant tout le reste. Autour de son cou se trouvait une épaisse chaîne en or tressé avec un pendentif qui brillait comme un petit soleil. On y voyait sur ses oreilles des diamants étincelants, eux aussi de forme ronde. Ses bras étaient couverts de bracelets divers et elle avait des bagues à tous les doigts. Malgré les coups de coude constants de Lydia, j'ai remarqué qu' elle portait aussi des bagues et des bracelets aux pieds et aux chevilles. C'était un couple étrange, car même le monsieur portait des bijoux, bien que pas aussi somptueux ou massifs que ceux de la dame.

"Permettez-moi de présenter mes très chers amis, Solia et Solor, aux Anges de la Terre, Lydia et Jan!" annonça Peanon. Tous deux ont salué, et nous avons fait de même en retour. J'ai vu comment Lydia a essayé désespérément de contenir son rire lorsqu'elle a entendu la phrase "Anges de la Terre", mais il allait falloir s'y habituer, car dans ce contexte, c'est précisément ce que nous étions.

"Vous êtes maintenant dans l'une des salles où se prennent les décisions importantes," a poursuivi notre guide. "Nous en avons plusieurs comme celle-ci. Nous travaillons en clans, avec différentes tâches à accomplir. Quand c'est le cas, les douze clans se réunissent pour prendre des décisions communes."

"Cela semble simple, mais malheureusement en pratique c'est plutôt compliqué," nous a informé Solor. "La Ligue Stellaire Pléiadienne est énorme, mais d'un autre côté, il n'y a jamais de complications une fois que nous avons réellement pris nos décisions. Dans la grande majorité des cas, nous sommes unanimes."

"Les hommes et les femmes travaillent ensemble et se respectent mutuellement," a ajouté Solia. "Je sais que ce n'est pas le cas sur Terre. Cependant, elle est au bord d'une gigantesque métamorphose et nous espérons que les femmes et les hommes deviendront par la suite égaux et respecteront les différences de chacun. Nous sommes conscients que certaines différences existent entre les sexes, et nous les compensons toujours des deux côtés."

"Les femmes sont aussi celles qui donnent la vie ici, n'est-ce pas?" s'est interrogée Lydia.

Le sourire de la pléiadienne était chaleureux et affectueux. "Oui, bien sûr, mais nous nous aidons tous les uns les autres de toutes les manières possibles. Nous savons que le sexe est un passe-temps assez populaire sur Terre, mais il ne l'est pas du tout chez nous. Nous le considérons comme un acte parfaitement naturel entre deux individus qui s'aiment. Nous n'insistons pas autant que vous sur ce sujet. Nous l'honorons et le respectons afin que l'homme et la femme, comme vous le dites, aient des rapports sexuels dans le but de produire une progéniture."

"Donc, les couples ici restent mariés à vie?" se demandait Lydia.

Solia hocha la tête. "Bien que nous n'appelions pas cela un 'mariage'," elle n'a pas pu s'empêcher de sourire, "nous utilisons simplement le mot 'partenaires' ou 'fiancés', ou parfois 'compagnons de vie'. Aucune cérémonie n'est nécessaire. Si deux personnes découvrent qu'elles sont faites l'une pour l'autre, alors elles le savent et agissent en conséquence, et tout le monde le sait aussi. Le mot 'pour la vie' peut être interprété de plusieurs façons. On ne passe pas d'un partenaire à l'autre. Si des problèmes surviennent, nous trouvons une solution. Il y a une solution pour tout ce qui est négatif, car c'est une Planète de Lumière."

"Pfiou!" s'exclama Lydia. "Si seulement ça pouvait fonctionner comme ça sur Terre."

"Ça le sera bientôt," assura Peanon. "Nous sommes nombreux à travailler sur ce projet. De grandes choses sont sur le point de se produire."

Moi qui suis à la fois vieux jeu et libre penseur, je me sentais quelque peu ambivalent, et je me suis empressé de changer de sujet. "Chassez-vous ici?" Je me suis renseigné. "Y a-t-il des terrains de chasse?"

Solor s'est alors levé. Il se tenait juste devant moi, me

regardant fixement dans les yeux. "La chasse est ce que vous faites sur Terre!" grogna-t-il avec colère. "Nous ne mangeons ni viande ni poisson. Il y a assez de légumes et de fruits dans notre sol généreux pour nourrir toute la planète. Vous devriez y réfléchir."

"En fait, je n'ai jamais chassé et je suis aussi végétarien, quand je suis dans mon état physique. Sinon, dans ma forme angélique, je ne mange pas du tout," rétorquai-je d'un ton froid.

"Désolé," marmonnait Solor. "Je vous ai pris pour des humains, mais vous êtes bien sûr des êtres spirituels qui sont venus étudier la vie ici. Je serai heureux de vous le dire. Vous avez déjà vu comment nous vivons et peut-être comprenez-vous que nous existons comme les êtres humains sur Terre."

"Comme c'était sur la Terre," ai-je corrigé, "Maintenant, c'est très différent là-bas et extrêmement négatif. C'est la raison pour laquelle nous sommes ici: pour en apprendre davantage afin d'enseigner aux humains sur Terre comment vivre de manière juste et appropriée."

"Vous avez des prisons?" demanda Lydia. "Y a-t-il des crimes commis ici?"

"Il n'y a pas seulement sept étoiles, les 'Sept Sœurs', comme on le croit Terre," répondit Solor. "Les Pléiades en regroupent énormement, mais le crime nous est inconnu. Des fautes peuvent se produire, mais dès que c'est le cas, nous nous efforçons de les rectifier instantanément. Les voleurs et les meurtriers n'existent pas ici. Ce genre de comportement adopté sur Terre est un concept inconcevable pour nous, bien que nous ayons un caractère si semblable."

"Punition?" La ténacité de Lydia a fait que les trois Pléiadiens se sont mis à rire.

"En ce qui concerne les sanctions sévères (qui sont extrêmement rares), le coupable est envoyé aux confins de notre planète et on lui ordonne d'effectuer divers travaux lourds et souvent dangereux. Par exemple, en tant que dynamiteur de roches, spéléologue ou personne qui travaille sous la surface de la mer," explique Solor. "Mais nous avons naturellement aussi un certain nombre de jeunes turbulents qui, de leur propre gré, recherchent avec enthousiasme ces emplois pour l'aventure pure et simple. Tant que cela se fait dans un esprit positif, tout va pour le mieux. C'est la première chose qu'un enfant apprend: tout observer avec des yeux heureux et grands ouverts et laisser parler le cœur."

"Naturellement, toutes nos planètes, qu'elles soient grandes ou petites, fonctionnent de la même manière. Donc si vous en avez vu une, vous les avez toutes vues," ajoute Peanon. "Y a-t-il autre chose que vous souhaitez particulièrement voir?"

"Oh oui, s'il vous plaît!" Lydia est intervenue avant que je ne puisse ouvrir la bouche. "J'aimerais voir vos écoles!"

Peanon approuva de la tête et nous avons fait nos adieux à Solor et Solia. La "propre embarcation" de Peanon se trouvait exactement à l'endroit où elle avait été laissée, ce qui était normal dans un endroit où il n'y avait pas de voleurs. Nous n'étions pas allés très loin, mais nous sommes arrivés dans une maison encore plus grande, construite en plein milieu d'un jardin, ou parc, totalement rempli d'arbres, de buissons et d'autres plantes en fleurs. Le toit "embrassait" également ce bâtiment, et notre guide a ouvert le "toit de garage," comme auparavant. Un bruit familier nous est parvenu à l'oreille alors que nous entrions dans une salle similaire à celle du Parlement. C'était le bruit caractéristique des voix d'enfants. Peanon a ouvert une porte et nous sommes entrés dans la salle de classe la plus étrange que j'aie jamais vue.

13. Système Scolaire et Mode de Vie

La pièce était grande - extrêmement grande en fait. Tout était en grand désordre, comme si le professeur était visiblement absent. Je repensais aux souvenirs que j'avais de salle de cours, mais là, c'était bien pire. Lydia et moi sommes restés un moment sur le seuil de la porte, en état de choc, essayant de comprendre ce qui se passait dans tout ce bruit. Puis tout devint rapidement très silencieux. Une dizaine d'enfants, qui s'étaient comportés comme de véritables petits chenapans, se sont assis à une table ronde, avec deux professeurs qui se faisaient face. L'ordre, le calme et la concentration régnaient. Une musique agréable, pas du tout dérangeante, s'échappait du toit et les enfants étaient immobiles comme une sur une photo de groupe. Vous savez celles qu'on prend, que l'on range et qu'on montre plus tard aux petits-enfants. Tout cela s'est produit en un temps incroyablement court!

C'étaient de très beaux enfants, avec de grands yeux. Ils avaient de longs cheveux bruns, clairs, droits et brillants, ainsi que des chevelures frisées et crépues. En dehors de cette douce musique, il y avait un silence absolu dans la salle.

"Bonjour!" nous avons simultanément dit Lydia et moi. Comme en réponse à un ordre, tous les enfants se sont levés, se sont inclinés devant nous et se sont assis à nouveau. Puis ils se sont mis à chanter. Les professeurs ne nous avaient pas du tout remarqués, et ont commencé à diriger leur petite chorale. Cela semblait tout à fait divin (ce que je peux bien sûr dire, venant d'une demeure céleste).

Les chants ont cessé et les enfants sont restés assis sans

bouger pendant que les deux professeurs, un homme et une femme, se levaient pour nous saluer. Je les ai remerciés à plusieurs reprises de nous avoir si bien divertis, et je leur ai demandé quelle était leur méthode d'enseignement.

"Nous avons toujours deux professeurs par classe," a répondu l'enseignant. "Les enfants étudient des sujets différents chaque jour, de sorte que l'apprentissage est constamment varié et amusant. Quand vous êtes arrivés, nous faisions juste une petite pause. Nous encourageons les enfants à se sentir libres. S'il vous plaît, regardez autour de vous!"

C'est ce que nous avons fait, et visiblement tous les murs de la salle étaient des écrans de projection destinés aux films. Ils étaient utilisés à la fois à des éducatives et de divertissement. Lorsque Lydia a demandé pourquoi il n'y avait que dix élèves, l'enseignante a répondu que c'était le nombre maximum autorisé dans une salle de classe. Il était important que les enfants fassent connaissance et apprennent à s'entendre. Les élèves sont plus attentifs quand ils sont peu nombreux. Une grande partie de l'enseignement se fait à l'aide des écrans. Il y avait des dizaines de petites classes réparties dans tout le bâtiment, mais il n'y avait qu'un grand gymnase, dans lequel les enfants apprenaient divers mouvements du corps et leur importance, en plus de la danse, de la musique et du chant.

Lydia était absolument ravie. "C'est comme ça que les écoles sur Terre devraient être," soupire-t-elle.

Cependant, je souhaitais ensuite poser une question sur un tout autre sujet. "Que faites-vous de la religion?" Je lui ai posé cette question alors que nous quittions cette prestigieuse école. "Croyez-vous au même Dieu que nous?"

Peanon a souri, en hochant doucement la tête. "Je crois que oui," répondit-il. "Après tout, il n'y a qu'un seul Dieu, alors vous ne pouvez pas vraiment en choisir un autre, n'est-ce pas?"

"Les églises, le sacerdoce? Les papes? Les évêques?" C'était bien sûr Lydia qui balançait ces questions.

Le sourire de Peanon se fit plus large. "Faisons un petit voyage et regardons comment fonctionne notre religion. Le mot religion n'est pas vraiment dans notre vocabulaire; nous disons juste 'foi'."

Il est passé devant notre embarcation de voyage qui se trouvait devant l'école. "Venez! Nous avons une maison consacrée à la foi tout près," dit-il en faisant le tour de l'école. Nous l'avons suivi.

Une maison comme toutes les autres, avec son long toit à quatre côtés allant jusqu'au sol, est apparue après une courte promenade. La différence était que cette maison était blanche. Le toit était d'un or étincelant. Nous n'avions jamais vu d'autres maisons blanches auparavant, donc c'était en soi quelque chose de nouveau. La "porte de garage" (que je persiste à appeler ainsi) s'est relevée, nous permettant d'entrer. Alors que nous entrions dans une pièce agréable, mais pas surdimensionnée, nous avons entendu de la musique. Il y avait des chaises basses qui semblaient tout à fait confortables ainsi que des canapés positionnés de manière aléatoire ici et là. Quelques habitants étaient assis, seuls ou accompagnés, pendant que la musique diffusait une superbe mélodie. Je n'ai pas vu d'autel, mais il y avait un podium à l'extrémité la plus éloignée, avec tout un tas d'instruments de musique. Entre autres, il y en avait un qui ressemblait beaucoup à un piano à queue. On pouvait en déduire que des représentations avaient lieu ici. Nous nous sommes assis sur un des canapés et Peanon s'est assis en face de nous.

Tout était blanc et or. Les murs brillaient avec douceur

et élégance. Le sol était en miroir, tout comme le plafond. L'effet était étrangement illusoire. Peanon parlait tout bas. "Ce temple est un lieu de rassemblement pour ceux qui souhaitent méditer ou réfléchir en toute tranquillité, ou tout simplement se détendre," a-t-il expliqué. "Vous ne trouverez ici ni papes ni prêtres, seulement de l'harmonie. Il n'y a pas de sermons, seulement de la musique et de beaux chants. Il y a parfois des représentations, et aussi des petites pièces de théâtre."

"Si l'on a des difficultés, viendrait-on ici?" Lydia a posé la question à laquelle je venais de penser.

"Oui, tout à fait. Il y a toujours quelqu'un à portée de main ici pour aider. Même les enfants peuvent venir ici. Cet endroit remplace vos soins psychiatriques. Nous avons des hôpitaux, mais ils fonctionnent différemment de ceux de la Terre. Les différentes méthodes de guérison sont une meilleure alternative aux pilules, avec tous leurs effets secondaires. Et surtout, elles agissent beaucoup plus rapidement."

"Si quelqu'un devait mourir malgré tout?" Une question typique de Lydia!

"Personne ne vit éternellement dans cette réalité physique, bien qu'elle soit en cinq dimensions. Ce qui se passe, c'est que nous sommes transférés dans une autre dimension quand nous en avons fini avec celle-ci." Peanon se mit à sourire. "On meurt d'une manière différente, mais je pense que notre manière est préférable. Nous savons qu'il n'y a pas de fin finale, juste une transition, et les humains sur Terre devraient être capables de comprendre cela. Avez-vous d'autres questions?"

J'ai réussi à faire taire Lydia en lui jetant un regard d'avertissement, ce qui a permis à Peanon de continuer à sourire alors qu'il nous faisait signe de le suivre. J'ai soudain pensé à quelque chose: "Est-ce que vous avez des journaux?" Je n'avais pas vu une seule affiche, ni aucun livre ou magazine posé sur une table.

Peanon est resté sur ses positions. "Nous n'avons pas besoin de journaux, puisque les nouvelles sont constamment mises à jour et diffusées toute la journée sur les écrans que nous avons partout. Mais nous avons des imprimeries pour imprimer des livres, car les gens d'ici préfèrent lire plutôt que de les voir en images, malgré les écrans qui fonctionnent toute la journée. Lorsque nous ouvrons un livre, nous aimons faire de nos séances de lecture un moment spécial. Nous aimons nous blottir dans un canapé ou dans un confortable fauteuil, en grignotant nos préférées. Nous avons également des maisons de livres où l'on peut s'asseoir et lire en toute tranquillité, tout comme dans vos bibliothèques. C'est là que nous pouvons aussi trouver des livres provenant de la Terre, traduits dans notre propre langue. Bien sûr, nous pouvons regarder des films, mais pas comme ceux que vous avez, avec autant de violence, de sexe, etc. Ces infrastructures sont extrêmement importantes pour nous, car c'est dans nos maisons que nous nous développons vraiment."

"Faites-vous du sport?" J'ai demandé. "Participez-vous à des compétitions dans des domaines particuliers, comme le football ou l'équitation?"

"Compétition" n'est pas un mot qui convient ici. Cela suscite une sorte de mauvais sentiment." La voix de Peanon semblait très grave. "Nous avons des chevaux, quelques chameaux et lamas qui sont adaptés à différents types de territoire et de climat. En effet ils varient ici aussi. Dans certaines régions, nous utilisons des embarcations de voyage semblables à celle dans laquelle je vous ai emmené. Il y a des zones sauvages où les animaux sauvages errent et il est conseillé de les protéger."

"Faites-vous des safaris?" J'ai alors dis avec un ton d'ironie dans ma voix d'Ange de la Terre. Cela est passé inaperçu.

"Nous nous efforçons de maintenir un bon contact entre les Hommes et les animaux ici," a été la réponse courte et sèche, ne laissant place à aucune autre question.

Nous avons quitté la chapelle et nous nous sommes précipités vers notre fidèle véhicule. "Il y a des tunnels souterrains que l'on peut traverser sur Terre," ai-je fait remarquer, alors que nous étions assis dans le vaisseau. "Existe-t-il de tels tunnels ici aussi?" Je me suis renseigné.

"Oui, en effet, on peut en trouver sur plusieurs étoiles des Pléiades," répondit Peanon. "Ils optimisent la facilité de transport sur cette planète, étant beaucoup plus rapides que vos trains et vos voitures. On peut atteindre des vitesses allant jusqu'à 19000 kilomètres à l'heure, converties en vitesse terrestre. Nous utilisons d'autres formes de mesure - je suis désolé - mais je dois dire que nous utilisons des mathématiques et de la physique qui ont des années-lumière d'avance sur vous!"

"J'ai bien peur que vous oubliiez que nous ne sommes plus des êtres terrestres," ai-je gentiment souligné. "Mais nous devons bientôt passer sur Sirius. Avez-vous quelque chose de plus intéressant à nous montrer?"

"Eh bien, oui, il y a encore quelques choses qu'il pourrait être utile de vous montrer. Mais cela peut vous être montré par un film, sinon il nous faudra trop de temps pour faire le tour du sujet. Alors retournons à la maison du livre, où nous trouverons des images et des explications claires".

14. La Vie Animale et les Marins

En un rien de temps, nous nous sommes retrouvés à cette maison du livre, devant un écran blanc. Peu à peu, celui-ci se mis à varier entre des nuances de vert et de bleu avant de finalement montrer une photo.

D'abord une maison avec un "toit câlin", puis l'intérieur nous a été révélé. L'homme étant dans la maison était assis, faisant de la menuiserie à côté d'un large banc, tandis que son fils se tenait à côté de lui, et le regardait. La femme, elle, remuait quelque chose dans un bol, pendant que sa petite fille jouait avec un petit animal quelconque, peut-être un écureuil, une chauve-souris ou un renard. La photo s'intitulait *Une soirée chez soi sur Electra*.

Plutôt idyllique, me suis-je dit, mais un peu démodé.

L'image suivante représentait soit une écurie, soit une grange - peut-être même les deux, car elle était grande, longue et étroite. Nous avons regardé à l'intérieur du bâtiment et, comme je l'avais deviné, il s'agissait bien d'une écurie et d'une grange combinées. Il y avait de petits chevaux - un peu comme nos poneys, mais plus robustes. Ils avaient des queues touffues et des pattes puissantes et poilues. Peanon a soigneusement fait tourner l'un d'eux et j'ai été surpris de voir l'expression du petit cheval; il semblait si étonnamment intelligent, avec de grands yeux marrons et une crinière qui faisait tout le tour de sa tête.

"Il faut leur tailler la crinière assez souvent," nous informa Peanon, "mais n'ont-ils pas le plus adorables des museaux?"

Lydia était déjà à ses côtés, caressant le museau de l'animal, puis elle en tira les extrémités, donnant l'impression qu'il souriait.

"Il t'aime bien," déclara Peanon en souriant. "Mais nous devons nous dépêcher, car il n'y a que des petits chevaux ici. Vous savez, ces petites bêtes sont extrêmement fortes, et nous les utilisons aussi bien pour les travaux agricoles que pour tirer toutes sortes de charrettes. Si, par exemple, on veut faire un voyage, on peut en appeler un, ce qui pour nous revient à appeler un taxi."

"Mais vous avez votre engin volant," rétorqua Lydia.

"En effet, mais nous utilisons des chevaux, selon l'endroit où nous vivons ce à ce à quoi nous sommes habitués," a répondu Peanon, en donnant au cheval quelque chose qui ressemblait à un morceau de pain.

Nous avons ensuite continué. On voyait une longue rangée de petits chevaux de différentes couleurs. Certains d'entre eux étaient en fait d'un bleu chatoyant. Nous n'avons pas vu de chevaux plus grands.

Nous sommes passés dans une autre habitation de la rangée, qui semblait extrêmement longue; celle-ci avait des vaches laitières à l'intérieur qui ne ressemblaient pas beaucoup à celles que nous connaissons. Curieusement, d'un côté, elle sentait très clairement les produits laitiers, mais de l'autre côté, il n'y avait aucun signe d'activité de traite.

"Nous veillons à ce que les veaux reçoivent tout le lait dont ils ont besoin, dans la mesure du possible," a expliqué M. Peanon. Il y avait des gens partout, qui s'occupaient du bétail. Ils nous ont tous souri gentiment et nous leur avons rendu la pareille. "Tout excès de lait est utilisé uniquement pour la cuisine et la pâtisserie, sous une forme assez semblable à celle de votre yaourt, qui peut être nature ou aromatisé".

"Alors vous cuisinez comme nous, avec de la farine, de la levure et des épices?" Lydia avait encore une fois une nouvelle question.

"La boulangerie-pâtisserie est universelle," dit Peanon, en souriant. "Cependant, on ne trouvera pas de grain raffiné ici. On le moud simplement, et c'est tout. Utilisons-nous de la levure en boulangerie? Oui, en effet. Tous les animaux doivent avoir du fourrage, et le pain animal est donné à la plupart des espèces. Nous avons aussi des chèvres et des moutons, mais ils pâturent surtout en liberté dans les zones de montagne. Toutefois, ils sont à l'écoute de nos signaux et se dépêchent de venir nous voir si cela semble urgent. Vous devez comprendre que tous les animaux qui coexistent avec nous et nous aident sont extraordinairement sages et affectueux. Contrairement à vous, nous n'avons pas de chiens et de chats comme animaux de compagnie à la maison, mais plutôt des loups, des loutres et d'autres animaux du même genre."

Peanon a dû voir mon expression interrogative, et il a gloussé. "J'ai vécu sur Terre à une certaine époque de ma vie," a-t-il expliqué, "c'est pourquoi je suis un bon guide pour des anciens Terriens comme vous. Au cas où vous vous demanderiez si j'y étais heureux, je peux honnêtement dire que presque aucune autre planète existante n'est aussi belle. C'est aussi la plus maléfique. Les habitants de la Terre ont besoin d'être réveillés. Les gens bons et honnêtes doivent trouver un moyen de faire voir aux méchants leur folie afin qu'ils apprennent à devenir meilleurs. Sinon, ils seront envoyés en exil. Soyez assurés que cela se produira bientôt!"

"Je pensais que nous parlions des animaux de compagnie," a fait remarquer Lydia.

"Tout à fait. Il existe en effet un animal ressemblant au chien, dont la taille varie de très petite à assez grande, et des chats aussi, ces derniers étant semblables à ceux que vous connaissez. Mais nous n'avons pas la même variété de races que sur Terre. Nous ne faisons pas d'expériences sur les caractéristiques naturelles de nos animaux afin qu'ils ressemblent à des peluches, mais nous les acceptons telles que la nature les a conçus. Vous serez peut-être surpris d'apprendre que nous mangeons du poisson, car il est extrêmement abondant ici et nous avons des pêcheurs qui aiment leur métier."

"Oh mon Dieu - J'avais presque complètement oublié de vous demander des informations sur vos marins!" J'ai soudainement dit. "Y a-t-il des bateaux ici?"

La réponse à cette question fut un rire sincère et fort. Derrière Peanon, le garçon Maris surgit soudain de nulle part et frappa dans ses mains avec joie. "Devons-nous les emmener en mer avant qu'ils ne s'envolent vers Sirius?" demanda-t-il allègrement à notre guide.

"Mais bien sûr, nous avons des mers. C'est une planète d'eau, avec presque trop d'eau," répondit Peanon. En un instant, nous nous sommes retrouvés en mer avec Peanon et Maris, tandis que Lydia fut transportée rapidement chez Gredine, où un repas l'attendait.

Les bateaux à voile étaient apparemment les plus courants ici. On m'a emmené au port, qu'on ne pourrait guère qualifier de petit! Il y avait plein de bateaux de tout genre, mais surtout beaucoup de bateaux à voile. Aucun n'était motorisé. Ils fonctionnaient à l'Énergie du Point Zéro, la seule forme d'énergie utilisée dans les Pléiades et sur de nombreuses autres planètes. Notre Univers tout entier est composé d'Énergie du Point Zéro, un fait que les scientifiques sur Terre ont beaucoup de mal à accepter.

Quoi qu'il en soit, ce fut un merveilleux voyage en bateau, à bord de ce que je considérais être un voilier plutôt normal. La mer scintillait un peu plus que ce à quoi on est habitué sur Terre, et les couleurs étaient aussi variées que celles d'un arc-en-ciel. Cela ne semblait pas du tout étrange. En revanche, ce qui semblait l'être était cette entité qui a a surgi du large, et qui a commencé nagé vers nous. Elle s'est ensuite hissée au-dessus du garde-corps, puis a parlé à Peanon et à Maris dans une langue totalement inhabituelle. Cette créature avait un torse humain, mais ses jambes, semblaient avoir fusionné en une sorte de queue de poisson. Je ne pouvais pas vraiment dire si cette créature était de sexe masculin ou féminin. Elle avait une peau turquoise complètement recouverte d'écailles, à l'exception de son visage, qui ressemblait à un être humain, avec des yeux brillants et une grande bouche. Le nez n'était que très peu développé.

"Il appartient au peuple marin," chuchotait Maris, qui avait manifestement repéré mon désarroi.

J'avais lu sur les sirènes, mais jamais sur toute une race du peuple marin. J'ai remarqué qu'il avait des branchies, ce qui était très étrange! Ce fut sans aucun doute la rencontre la plus étrange que j'ai eue jusqu'à présent, mais les marins étaient de toute évidence amicaux. Peanon et l'homme-poisson ont discuté avec enthousiasme jusqu'à ce que, finalement, ce dernier s'approche de moi avec un charmant sourire.

"Vous venez de la Terre, où même les mers ont été dévastées par toutes les substances toxiques?" me demanda-t-il, dans une langue que je comprenais.

J'ai hoché la tête et j'ai essayé d'expliquer que je venais des sphères supérieures. Je ne suis pas tout à fait sûr qu'il ait compris. J'ai en outre fait de mon mieux pour lui faire savoir que son peuple n'existait pas sur Terre, mais uniquement dans les contes de fées.

Il a évidemment compris, puisqu'il a ri de bon cœur et a crié quelque chose vers les vagues derrière le bateau. Aussitôt, un autre membre du peuple de la mer est apparu, mais cette fois avec une poitrine plutôt généreuse et couverte d'écailles. Une femme de mer! Elle s'est approchée de moi et m'a caressé la joue qui est devenue toute humide. Tout cela me dépassait un peu. Je n'avais pas la moindre idée qu'il y avait des gens de mer dans les Pléiades. Peut-être y avait-il aussi des trolls et d'autres personnages de contes de fées dans les bois?

"Il existe des mythes sur les gens de mer - ou du moins sur les sirènes," annonça Peanon lorsque cet étrange couple plongea à nouveau dans les eaux. "Il est presque certain, mon cher Jan, que chaque mythe a une origine liée à la Vérité. Ils ne peuvent pas simplement surgir comme ça de l'imagination d'un homme. Ils doivent avoir un fond plus profond que ce que les gens sur Terre soupçonnent ou veulent même savoir. Il est évident que les gens ont construit des légendes et transformé certains détails, par exemple en leur attribuant des pouvoirs magiques et d'autres capacités et traditions, y compris des qualités haineuses qui ne conviennent pas du tout. Quoi qu'il en soit, assez parlé de cela, car je crois qu'en ce moment même, un délicieux repas nous attend chez moi. Allons le déguster avant que Lydia et toi ne nous quittiez pour aller à Sirius".

Nous avons fait demi-tour pour rentrer chez nous. Le vent était avec nous.

15. Sirius B, Enfin!

(Note: La visite de Mariana Stjerna à Sirius a été une vraie expérience. Elle ne s'est pas produite dans un rêve ou dans une vision. C'était tout simplement un souvenir qu'elle avait depuis sa petite enfance, et elle tente ici de raconter cette visite aussi précisément que possible. Ce souvenir est resté inchangé au fil des ans et lui semble toujours très réel. Elle retourne fréquemment sur les marches aux rochers faits en cristal et est restée en contact avec Aranis).

Une fois de plus, je me suis retrouvé dans un endroit inconnu. En revanche, une tête bien familière s'est enfoncée dans mon épaule et une voix que je connaissais a murmuré: "Est-ce que je peux regarder maintenant? Je ne peux plus garder les yeux fermés aussi longtemps!"

"Nous sommes arrivés, Lydia! Tu peux ouvrir les yeux. Nous sommes debout sur une falaise." Je venais de jeter un coup d'œil autour de moi et puis j'ai lâché sa taille fine qui se trouvait entre mes deux mains.

Mon amie sous forme d'ange s'est frottée les yeux et s'est dirigée vers le bord de la falaise. "C'est Sirius?" Elle ne pouvait pas dissimuler la déception dans sa voix. "Le même type de roche, les mêmes arbres, la même mousse, bien que les couleurs soient un peu plus variées et qu'il y ait quelques petites fleurs roses et blanches. Comme elles sont jolies, on dirait des petites étoiles!"

"Regarde bien, Lydia! Ce n'est que la piste d'atterrissage, probablement pour les OVNI, même si elle est vide en ce moment. Il y a une clôture là-bas, et on dirait que c'est une sorte d'entrée. Allons voir là-bas et enquêtons!"

Il faisait sombre et obscur au-delà de la clôture. Le soleil brillait légèrement sur le sol, et le rebord de la falaise était humide. Ce dernier était enfoncé profondément dans la roche qui s'élevait au-dessus de nous. J'avais découvert quelques marches qui menaient un peu plus bas à un ascenseur. J'en ai déduit qu'il ne pouvait s'agir que d'un ascenseur, car il ressemblait tout simplement à un ascenseur ordinaire existant sur Terre. Les portes étaient ouvertes, et une lumière intense en jaillissait. J'ai fait entrer Lydia avec moi, mais je n'avais aucune idée de ce qu'il fallait faire ensuite, car je ne voyais aucun bouton à presser. Sans même avoir eu le temps de réfléchir, les portes derrière nous se sont fermées et il a alors commencé sa descente, de manière aussi régulière et douce que d'habitude.

En un éclair, l'ascenseur s'est arrêté. Une porte dissimulée s'est ouverte et nous sommes sortis sur un autre plateau, beaucoup plus bas et complètement différent. Nous étions dans une région ensoleillée et d'une beauté stupéfiante. La première chose que nous avons vue était une route parsemée de cristaux, qui serpentait et disparaissait au détour d'un virage à gauche, à une certaine distance devant nous.

La route scintillait à tel point qu'elle rendait nos yeux plus brillants. Il fallait juste s'y habituer. La lumière était puissante mais pas non plus désagréable. Avec précaution, nous avons commencé à suivre cette route de cristal. Nous ne portions tous les deux que des sandales fines et légères, mais nous avions quand même l'impression étrange du sacrilège en marchant sur ces magnifiques cristaux. Sur le côté droit de la route, on y observait une pente. Puis au niveau de la falaise que nous longions, nous y observions non pas des fossés, mais des verres convexes qui ne pouvaient être que des fenêtres. En bas, jaillissait la rivière la plus bleue que j'avais jamais vue, et de l'autre côté, un flanc de montagne couvert de vert pointait son nez vers le haut comme un animal géant, luttant pour atteindre l'air dans le ciel bleu.

Lorsque nous avons regardé devant nous, nous avons vu quelqu'un se hâter dans notre direction. Il s'agissait d'un jeune homme assez grand. Il a souri et nous a fait signe des deux bras. Ses cheveux blonds étaient raides et descendaient en cascade jusqu'aux épaules, comme une sorte de rideau scintillant. Son visage donnait l'impression qu'il avait été finement sculpté par un sculpteur grec. Il avait un corps souple et musclé. Il était tout de blanc vêtu: un pantalon et une chemise, plus une courte cape avec des emblèmes dorés sur les épaules. Le jeune homme s'est précipité et nous a tous les deux chaleureusement embrassés.

"Bienvenue à Sirius, honorables esprits!" proclamait-il. "Nous avons reçu la nouvelle de votre arrivée et de votre mission ici. On ne peut pas avoir de secrets ici!" dit-il en riant. "Vous êtes sur la route de la Cité des Terrasses Suspendues. Par ici, à droite, vous pouvez voir le Mont Nymphe, avec ses fenêtres rondes. C'est à l'intérieur des locaux derrière ces fenêtres que les scientifiques et les inventeurs mènent leurs travaux. À votre gauche se trouve la Prairie des Chevaux Bleus, comme vous pouvez le voir".

À notre grande surprise, nous avons tout de suite vu des chevaux bleus étincelants! Il y en avait des petits et des légèrement plus grands, galopant dans une énorme prairie. Le côté gauche de la route était un bosquet d'arbustes et de buissons fleuris. Les papillons et les abeilles, deux fois plus gros que les papillons suédois ordinaires, volaient et bourdonnaient, sirotant le nectar de ces grandes plantes exquises qui ressemblaient à des orchidées. La végétation était extraordinairement prolifique, mais manifestement limitée par la prairie, qui semblait tout à fait ordinaire. À l'exception des couleurs changeantes de l'herbe et des plantes basses.

Nous avons bu à la beauté merveilleuse de cette scène exceptionnelle. Puis, la route a pris un soudain virage et nous a offert une vue panoramique absolument incroyable.

"Je m'appelle Aranis et je vous accompagnerai tout au long de votre séjour ici," a annoncé le jeune homme. "Vous pouvez maintenant voir plus clairement la Cité des Terrasses Suspendues qui se trouve devant vous. En dessous, la rivière coule, pour finir par se jeter dans la mer. La ville entière est construite en terrasses."

Il n'est pas facile de décrire avec précision cette ville en suspens. Derrière elle se trouvait un rocher gigantesque, comme un mur qui ressemblait à une sorte de grand support pour les vastes bâtiments des terrasses. Cet énorme rocher semblait plonger directement dans la rivière.

Il ressemblait plutôt à un escalier escarpé, large et colossal, dont chaque marche était composée de la plus magnifique des végétations. À côté du mur sur lequel se trouvait l'escalier figuraient des habitations qui, malgré leur construction similaire, étaient très différentes. Certaines avaient des toits plats, d'autres inclinés, tandis qu'une autre variété était en forme de dôme. Les unes n'éclipsaient pas les autres, mais se complétaient pour créer une impression de beauté inouïe. Tout en bas se trouvait une petit port (et non un parking!) avec des bateaux aux diverses formes et couleurs. Il s'agissait soit de voiliers (certains avaient des voiles multicolores), soit de bateaux propulsés par une énergie que nous ne connaissions pas. Probablement l'Énergie du Point Zéro. Cette dernière était évidemment la forme d'énergie la plus courante sur ces planètes.

Lydia et moi avons continué à marcher en suivant de tout près Aranis. Il y avait longtemps que Lydia n'avait pas été aussi silencieuse! Elle était totalement absorbée par tout ce qu'elle voyait. Il y avait des gens sur les terrasses. Nous ne les avons pas vus de très près, mais pour autant que nous puissions les distinguer, ils étaient beaux et joliment faits. Ils semblaient plutôt heureux. Nous avons entendu des chants et de la musique, ce qui a rendu Lydia incapable de résister à quelques pas de danse.

Aranis lui sourit doucement. "Aimez-vous danser?" lui demanda-t-il. "Car si c'est le cas, vous pouvez danser pour le plus grand plaisir de votre cœur ici sur Sirius. Cette planète entière est un bouillonnement constant de chants, de danses et de musique."

"Alors, de quoi vivez-vous?" se demande Lydia, surprise.

"Nous produisons tout ce dont nous avons besoin," répondit Aranis, toujours souriant. "Nous le créons avec nos pensées. C'est une forme de pouvoir mental que nous apprenons dès la naissance. Par conséquent, nous n'avons besoin ni d'argent ni de banques - pas même de magasins. Personne n'a besoin d'être envieux des autres, puisque chacun a tout ce dont il a besoin et la capacité de le créer."

"Question inutile," lui ai-je répondu. "Êtes-vous tous végétariens?"

"Naturellement," rétorqua Aranis, quelque peu surpris. "Vous ne l'êtes pas? Et nous créons notre propre nourriture. Cependant, cette planète est partagée par une grande variété de groupes ethniques. La plupart ont la capacité de créer, mais quelques-uns n'ont pas encore appris cet art et doivent aller à l'école jusqu'à ce qu'ils le maîtrisent."

"Allons-nous aller en ville?" demanda Lydia. Nous nous tenions devant les hautes portes de la ville, brillantes et scintillantes, faites de quelque chose qui ressemblait plutôt à de l'argent, et dont les pierres ressemblaient à des briques de verre.

"Non, elles ne sont pas en verre," dit Aranis en riant. Visiblement, il s'agissait d'un jeune homme capable de lire nos pensées. "Ils sont faits de quartz clair - autrement appelé cristal de roche. Elles brillent à la lumière du soleil. Mais continuons vers le Temple de l'Intérieur. Nous jetterons un coup d'œil à la ville et au Temple du Rocher plus tard. Il n'y a pas de représentation avant ce soir. Ensuite nous traverserons la ville pour nous rendre au bateau qui nous mènera au temple. Venez maintenant!"

À contrecœur, nous avons laissé la scintillante porte de la ville et avons suivi notre nouvel ami. Jusqu'à présent, nous n'avions vu aucun véhicule, mais d'un autre côté, il n'était pas désagréable de marcher dans cet endroit. Chaque pas semblait doux et léger.

"J'ai l'impression d'être un kangourou!" Lydia s'est approchée de moi en me tendant la main. Aranis s'empara instantanément de cette dernière pour qu'elle flotte entre nous, comme si elle était enchantée. Les plantes qui bordaient cette route de cristal étaient somptueuses.

Nous avons observé les chevaux bleus dans leur prairie pendant assez longtemps. Ils galopaient, reniflant et hennissant, de sorte que l'humidité de leur souffle jaillissait comme des perles pailletées. C'étaient des chevaux heureux qui avaient une belle vie, me suis-je dit. Soudain, nous sommes arrivés au bout de la prairie. Sur le côté gauche se trouvait un bois, clairsemé et éthéré comme un rêve de nuit d'été. Juste devant nous, il y avait une haute colline avec des marches étroites taillées dans le sol. Celles-ci étaient recouvertes de mousse et d'herbe courte. En levant les yeux, on pouvait voir un temple. Il était tout en haut et étaient rond et de couleur blanche. On y observait des couleurs dorées et des piliers sculptés. C'était d'une beauté à couper le souffle!

16. Une Conversation avec un Homme Sage

Nous sommes entrés, tous les trois en se tenant la main. Aranis était au milieu, et il était notre soutien. Sans lui, tout n'était qu'un grand labyrinthe, intimidant et inconnu. Sa lumière, sa modeste présence, ses yeux bleus clairs, joyeux et enjoués, étaient incapables d'effrayer qui que ce soit.

Nous sommes entrés dans une salle circulaire dont les murs étaient superbement décorés. Au centre se trouvait un escalier en colimaçon qui menait à l'étage supérieur. On pouvait observer neuf portes à travers la rambarde. Il m'est venu à l'esprit que j'avais déjà vu quelque chose de similaire lors de nos voyages précédents. Peut-être que les temples sacrés étaient construits de la même façon sur plusieurs planètes. La plupart des gens - autant que je sache - priaient le même Dieu: l'Unique, Première Source de toute la Création. Ainsi, la même atmosphère, le même air respiré dans les mêmes sortes de poumons, les mêmes sentiments éprouvés dans les mêmes cœurs et, bien sûr, le même Amour, devaient être répandus par tous les êtres. Du moins, c'est ce que je pensais.

Aranis me regardait droit dans les yeux. "Vous comprenez!" me dit-il. "Ici n'existent que ceux qui comprennent, et quand nous sommes tous réunis, cette compréhension s'accumule en une symphonie qui peut être entendue dans tout l'Univers. Venez avec moi!"

Nous avons monté l'escalier en colimaçon jusqu'à l'étage supérieur. Nous sommes montés en moins d'une seconde. Aranis a ouvert l'une des neuf portes et nous a indiqué d'entrer dans la pièce. J'ai presque fait un bond en arrière, sous le choc, car la pièce était remplie de livres, de dossiers et de parchemins qui semblaient prêts à nous tomber dessus.

Au milieu de tous ces tas de livres, il y avait une grande table dorée. À son extrémité, on pouvait voir un petit homme assis, complètement absorbé dans quelque chose qui ressemblait à une carte. Aranis s'approcha de lui et lui donna une légère tape sur l'épaule.

"Maître Ponteos, levez-vous de cette table! Nous avons des invités venant des dimensions supérieures, Jan et Lydia. Ils apportent les salutations de la part de l'Unique!"

Le petit homme s'est levé brusquement et nous a regardés d'un air confus. Malgré sa petite taille, il dégageait une certaine grandeur quant à sa personne. Son crâne était presque chauve, à part quelques longues mèches blanches qui s'y baladaient. Sa barbe était également plutôt clairsemée et d'un blanc sale, tombant jusqu'à son estomac volumineux. Ses yeux étaient de couleur ambrée, comme la table, et il avait une petite bouche aux lèvres étroites qui remontaient aux coins, comme si elle était constamment en train de sourire. Il nous regardait attentivement l'un après l'autre, puis il s'est emparé de mes deux mains et a affiché un large sourire, révélant une rangée de dents blanches.

"Bienvenue, chers invités d'honneur, bienvenue!" a-t-il éclaté de sa voix joyeuse, tout en me serrant si fort les mains que je craignais que celles-ci ne se rompent au niveau des poignets. Il se tourna alors vers Lydia et s'inclina si bas que son crâne brossa le sol.

"Charmante dame, bienvenue dans mon humble demeure!" annonça-t-il doucement. Puis il croisa les bras sur sa poitrine et jeta des regards nous scrutant tour à tour. "Et à quoi dois-je le grand honneur de visiteurs si estimés?" fit-il entendre d'une toute autre voix, parfaitement claire et concise.

Aranis prit la parole avant que je ne parvienne à répondre à sa question. "Ces deux anges ont été envoyés des Cieux pour voir comment nous vivons ici sur Sirius, Votre Grâce!" a-t-il déclaré, s'inclinant courtoisement. C'était comme regarder une scène d'une pièce de théâtre du XVIIIe siècle. Le petit vieux était vêtu d'une culotte de brocart dorée, d'une chemise jaune à volants et d'un gilet qui scintillait comme de l'or. En revanche, pour être parfaitement honnête, il semblait que ce gilet ait vu des jours meilleurs. Ses étroits souliers de soie noire qu'il avait aux pieds étaient plutôt de piètre qualité et se décollaient à plusieurs endroits. Qui était ce vieux bouffon? me suis-je demandé.

"Je suis 'l'Omniscient' Ponteos; autrement dit, je suis un sage qui réfléchit, qui sait tout et qui est pragmatique. Je suis en outre un devin chevronné et j'ai prédit, par l'intermédiaire de mon ami solaire ici présent, que deux des plus hauts dignitaires me seraient envoyés très bientôt. Ça doit être vous; Regardez ça!" Il a immédiatement déterré une grande boule de cristal de sous une pile de documents. Ce doit être son ami solaire, me dis-je. Lydia garda le silence, mais conserva un sourire narquois tout en restant concentrée sur les actions du vieil homme. Après avoir soufflé sur une épaisse couche de poussière, il posa ses mains sur cette boule de cristal.

"J'ai ici tous les livres qu'il y a sur la Terre ainsi que ceux de beaucoup d'autres planètes," nous dit-il, "et en plus," poursuit-il, "ceux que je n'ai pas ici, je peux me les procurer par l'intermédiaire de mon ami solaire, qui me dit tout ce que je veux savoir - et souvent un peu plus."

Nous avons observé tandis que toute la surface de la grande boule frémissait, s'assombrissait et subissait le passage de rayons lumineux pour finalement afficher la sphère céleste, ou une constellation dans laquelle Sirius était la plus brillante des planètes.

Le vieil homme s'est mis à grogner, puis on devina quelques mots sortir de sa bouche: "On ne peut même pas voir la Terre. Mon cher, est-il possible que la métamorphose ait déjà commencé? Je suppose que vous êtes conscient que votre Terre bien-aimée se dirige vers un changement radical de l'extérieur vers l'intérieur - ou devrais-je plutôt dire le contraire?" il tut-tutted.

"Nous sommes venus à vous, Maître Ponteos, dans l'espoir d'obtenir un peu plus d'informations sur la Terre," interrompit Aranis. "Nous savons déjà que la Terre est le centre des préoccupations actuelles de toute la Fédération Galactique. Nous savons que quelque chose de bouleversant va s'y produire. Il est également clair que le malheur de la Terre Mère est insupportable et qu'il faudra y remédier. Nous savons en outre que les Cieux contribuent activement aux changements nécessaires qui sont en cours. Nous ne souhaitons pas en entendre davantage sur les actes de la sombre Cabale. Les habitants de la Terre en ont déjà assez souffert. En revanche, nous aimerions en savoir davantage sur l'entrée de la Lumière, le réveil et le rajeunissement qui en découle. L'espace au-dessus de la Terre est rempli d'armées en provenance des planètes de la Lumière et de l'Amour. Celles-ci s'arment pour se préparer à la période difficile qui s'annonce, en recueillant des informations précieuses afin d'aider et de conseiller l'humanité. Ce qui s'approche, c'est la grande bataille cosmique afin de bannir tout mal des régions appartenant à la Terre et à ses habitants. Le commandement Ashtar, le vaisseau Alpha et bien d'autres encore attendent, prêts à défendre et à sauver tous les êtres humains justes et droits. Le changement sera immense, incommensurable, et inattendu, bien que absolument indispensable. Les humains ne connaissent rien de notre existence, et de notre engagement, ainsi nous risquons d'être accueillis avec beaucoup de crainte."

"Sur chaque planète, y compris la Terre Intérieure, nous avons rencontré la même vision de l'avenir," ai-je humblement déclaré. "Que pensez-vous être capable de faire, d'ici, pour aider les habitants de la Terre?"

"Beaucoup de choses!" a déclaré le vieillard. "Vous ne pouvez pas vous imaginer l'énorme préparation que nous nous sommes donnée dans toutes les constellations du complexe Sirius. On vous montrera bientôt comment les choses fonctionnent pour nous sur Sirius et vous comprendrez ainsi mieux comment votre Terre peut se développer positivement en mettant en pratique la bonne philosophie d'Amour et de justice. Cet Univers est énorme, voire le plus grand. Mais nous en sommes capables, nous le pouvons et nous le ferons! C'est peut-être pour entendre ces mots que vous êtes venu me voir."

"Comment pouvons-nous amener les gens à purifier leurs pensées?" demanda Lydia. "Nous avons fait tant de tentatives... Et nous ne sommes même plus sur Terre. Il est impossible d'influencer les gens là-dessus. Les enfants sont tellement perturbés par toute cette misère qu'ils sont incapables de penser à autre chose qu'à eux-mêmes, sombrant dans la haine et la vengeance dès qu'ils le jugent nécessaire. C'est comme ça dans beaucoup de pays. Ils croient que Dieu est un juge impitoyable qui punit et désapprouve. Pourrons-nous jamais changer cela?"

"Nous le pouvons certainement," a déclaré Ponteos avec détermination. "De nouveaux enseignants doivent être formés, ce qui est déjà en cours. Les changements seront si bouleversants que tout doute sera dissipé. Votre mission ici était de vérifier si Sirius a à la fois l'autorité et la capacité de faire des miracles au nom de l'Amour. Partez maintenant avec mon jeune ami, Aranis, et vous verrez plus en détail comment cela fonctionne pour nous ici. Je pourrais rester là indéfiniment, à vous raconter ce qui va se passer, mais ce n'est pas une très bonne idée. Adieu, chers messagers d'en haut, et s'il vous plaît, emportez avec vous dans les Cieux toutes mes bénédictions et mon Amour".

Le drôle de vieil homme a fait une révérence à Lydia, puis m'a fait la même chose. Aussitôt après, il retourna à ses activités dans le coin poussiéreux et sembla à nouveau pleinement absorbé par la lecture de ses documents. Aranis nous a fait signe de le suivre. L'audience était terminée.

17. En Route pour les Dauphins

"Nous venons de rencontrer l'homme le plus savant de cet Univers," déclarait Aranis, alors que nous avions retrouvé le bas de l'escalier en colimaçon.

"C'était une visite plutôt brève," rétorqua Lydia. "On ne nous a rien dit de nouveau non plus."

"Mais y a-t-il quelque chose de nouveau concernant cette importante question?" répondit Aranis avec étonnement. "Peut-être que ce sera le cas après avoir visité tous les endroits que je vous montrerai."

Je jetai un regard interrogateur sur les huit portes restantes, ce qui fit éclater de rire Aranis.

"Non, Jan, nous ne verrons pas d'autres sages pour le moment. Nous allons rendre visite aux dauphins. Ils ont leur quartier général de l'autre côté de la Grande Montagne. Nous prendrons le chemin le plus court, par la mer, nécessitant un engin un peu particulier."

Nous sortions par la magnifique porte de la ville quand Aranis souffla dans un petit sifflet d'or flamboyant. Je me disais qu'il était un peu vieux jeu d'utiliser un sifflet, mais à peine l'idée m'était-elle venue qu'un vaisseau se tenait devant nous, et quel vaisseau! Il ne ressemblait ni à une voiture ni à un bateau. En fait, il ressemblait plutôt à un petit OVNI, une soucoupe renversée avec un châssis plat, sur lequel il y avait une hélice et d'autres gadgets suspendus dont je ne pouvais distinguer ni la tête ni la queue.

"Pour atterrir avec, bien sûr," commentait calmement Lydia, et elle grimpait sur une échelle qui se rabattait du bord.

Je l'ai suivie. Aranis était déjà au sommet, puis l'échelle fut immédiatement propulsée vers le haut. Une porte s'est rapidement refermée derrière nous et nous sommes entrés dans quelque chose qui ressemblait un peu à une cabine d'avion accueillante et agréablement décorée. Sans même me regarder, Lydia est allée s'asseoir près d'une fenêtre à l'avant. Je me suis assis à une fenêtre du côté opposé. Après un voyage incroyablement rapide et silencieux, nous entendions alors le bruit de l'eau qui éclaboussait le côté du navire. Aranis nous a présenté à tous une sorte d'étrange couvre-chef ressemblant à un casque avec des branchies.

"Nous allons passer un certain temps sous l'eau, au sein d'une chambre à vide, c'est pourquoi vous devez être correctement équipé. Vous devez pouvoir respirer sans limite de temps."

"Allons-nous passer du temps avec les petits poissons?" gloussa Lydia, ce qui me mit très en colère.

"Comporte toi correctement maintenant!" J'ai crié. "Les dauphins ne sont pas des poissons - ils sont plus humains que les humains eux-mêmes! Je suis ravi d'avoir l'opportunité d'aller les voir, c'est la partie la plus excitante de toute l'expédition."

Aranis, qui jusqu'alors était resté silencieux, écoutant notre dispute, a souri et s'est interposé: "Ils sont un peuple - tout comme nous le sommes - et les deux coexistent gaiement sur Sirius. Nous considérons les dauphins comme nos frères. Leur royaume est plutôt humide, c'est pourquoi nous avons besoin de casques, afin que vous puissiez entendre ce qu'ils disent tout en protégeant vos oreilles. Il est rare de trouver de meilleures personnes que ces derniers, Lydia. Certes, ils sont un peu différents, mais d'un autre côté, vous avez une multitude de peuples différents sur Terre ainsi que sur d'autres planètes. La majeure partie de votre expédition consiste à apprendre comment ils peuvent coexister harmonieusement. Ce n'est pas la couleur de la peau, l'apparence physique ou le langage qui définissent le comportement humain, c'est le moi intérieur qui est crucial."

"Désolé", c'est tout ce que Lydia a dit.

Notre voyage aérien s'est déroulé sans incident encombre. Puis Aranis, qui était assis à l'avant, sur une sorte de tableau de bord, s'est levé pour annoncer que nous étions arrivés. La porte inclinée vers l'intérieur s'est ouverte et nous avons mis nos casques. Nous sommes sortis sur une traînée d'algues assez glissante, directement dans la lueur verte d'une sorte de lampe de plongée. Nous étions sur un fond marin, ou peut-être un récif de corail, car il y avait de petits monticules de corail tout autour de nous. Aranis a donné un bref signal avec son sifflet et notre embarcation a disparu. Notre guide portait également un casque de plongée similaire au nôtre. Quand j'ai touché son bras, il n'était pas du tout mouillé. Lydia s'est agrippée à mon bras et j'ai entendu sa réaction d'étonnement quand elle a constaté que j'étais sec. Visiblement, il y avait vraiment des oreilles dans le casque!

Aranis, comme d'habitude, a ouvert la voie. Cette fois, nous avons flotté parmi les plantes aquatiques, au milieu d'une lumière turquoise.

"La lumière est la même, tant pour les dauphins que pour les gens de mer," a déclaré Aranis. Le fait de parler à travers les casques semblait bien fonctionner, bien que je ne sache pas comment. Nous parlions normalement et nous entendions parfaitement bien la voix de l'autre. Les gens de mer, je me suis demandé, que voulait-il dire par là?

"Il parlait bien sûr des amphibiens. Vous savez, ceux qui étaient sous le règne d'Oannes et au sujet desquels les Dogons - un peuple d'Afrique occidentale du sud-est du Mali - avaient gravé leurs rencontres dans les parois des falaises après que les amphibiens de Sirius leur eurent rendu visite," a jacassé Lydia, sans cesser de respirer, la faisant tousser. Aranis lui a demandé de se taire, puis a appuyé sur un bouton qui lui a fourni plus d'air, lui permettant de reprendre son souffle.

"Vous n'aurez plus besoin de ces derniers, une fois que nous aurons atteint notre objectif," a consolé Aranis. "Vous n'êtes pas habitués à ces casques, et Lydia n'a probablement pas appuyé sur le bon bouton pour refaire le plein d'oxygène. J'ai bien indiqué où il se trouvait quand vous les avez mis. Toutefois, je peux comprendre à quel point tout cela doit vous sembler nouveau, étant très loin du pouvoir ordinaire des anges." Il a terminé cette phrase par un doux petit rire, puis a poursuivi: "Je pensais que vous saviez tout sur les amphibiens, d'autant plus que Mariana Stjerna a écrit un texte parfaitement clair et précis à leur sujet."

"Pas pour moi!" contredisait Lydia. "Pouvons-nous le voir avant d'arriver?"

"OK, je vais lui demander," lui dis-je, et c'est ainsi que nous nous sommes retrouvés debout dans un chargement de varech et autres algues, tout en faisant une pause pour que Mariana puisse nous en parler.

18. La Visite Nocturne des Amphibiens chez Mariana

Je suis maintenant très âgée, mais l'incident que je m'apprête à raconter, que j'ai vécu comme un événement très important de ma vie, s'est produit à la fin de mon adolescence, lorsque j'avais environ dix-huit ou dix-neuf ans, c'est-à-dire dans les années 1940.

Je dormais dans ma chambre, dans la maison de mes parents à Björkhagen dans la région de Stocksund, en Suède. Un pied de mon lit dépassait légèrement d'une alcôve. J'étais plutôt vaniteuse à l'époque (ce que confirme Jan) et mes cheveux étaient enroulés sur des bigoudis.

Je me suis soudain réveillée et je me suis mise en position assise dans le lit. Une étrange lueur provenait de la porte qui donnait sur le palier. La personne qui diffusait cette lumière était entrée par cette porte et s'était rendue directement au pied de mon lit. J'ai bien regardé, il y avait là un homme extrêmement grand, et avait une jambe de chaque côté du lit. Mon Dieu, qu'il était grand! Il avait des écailles jusqu'au cou. Au-dessus des écailles de poisson d'un vert irisé se trouvait un visage humain. Il avait un nez large et droit, de grands yeux noirs et une bouche humaine tout à fait ordinaire. Je peux encore le voir devant moi, en effet, jamais de ma vie je n'avais ressenti un Amour aussi intense. À moitié abasourdie, j'ai retiré les bigoudis de mes cheveux et les ai posés sur ma table de nuit, comme preuve qu'il avait été là. Il a souri doucement, a franchi le lit jusqu'à la fenêtre, et a disparu à travers celle-ci.

Le lendemain matin, les bigoudis étaient exactement à

l'endroit où je les avais posés sur ma table de nuit, et le souvenir de cet homme amphibien (dont j'ignorais alors l'existence) ne m'a jamais quitté. En dessous de notre maison, la baie d'Edsviken coulait vers l'estuaire, et dans mes souvenirs, c'est là que je l'ai vu disparaître. Seulement comment? Cela reste à déterminer. Les bigoudis m'ont donné la preuve indéniable que j'étais éveillé et lucide au moment de ma visite. Mais pourquoi cela m'est-il arrivé à moi? Peut-être était-ce parce que je devais vous en parler maintenant?

Ce n'est pas le seul incident "surnaturel" qui me soit arrivé, mais personne ne me croit, même si je dis la Vérité. Beaucoup de gens se disent sans doute: "Mon Dieu, que ce serait terrible si des choses surnaturelles arrivaient vraiment!" C'était exactement la même chose à l'époque qu'aujourd'hui: Beaucoup trop peu de gens acceptent que la Terre englobe à la fois ce que nous pouvons et ne pouvons pas voir avec nos yeux physiques. Le jour viendra où la preuve en sera faite de façon si évidente que les humains se sentiront gênés de n'avoir jamais osé y croire.

19. La Communauté des Dauphins

Nous allons maintenant poursuivre avec la mission de Jan et Lydia auprès des amphibiens et des dauphins.

"Allons d'abord voir les dauphins! Nous y sommes déjà!" a crié Aranis. "Une fois à l'intérieur, vous pourrez enlever vos casques. Suivez-moi!"

Il y avait clairement une sorte de porte ou d'entrée, car Aranis s'est rapidement glissé à travers, suivi de près par Lydia et moi-même. Nous nous sommes retrouvés à l'intérieur d'une vaste cavité bleuâtre.

Nous avons enlevé nos casques et les avons placés sur un tabouret qu'Aranis a pointé du doigt. Nous avons repris notre souffle d'air frais. Il y avait beaucoup d'activité autour de nous. De nombreux dauphins nageaient autour de nous dans un environnement étrange qui n'était ni de l'air ni de l'eau, mais plutôt une "dauphinosphère" bien particulière. Nous pouvions y respirer extrêmement bien. Aranis était occupé à saluer de part et d'autre. Il embrassait certains dauphins sur le nez, tandis que d'autres se contentaient de recevoir des petites tapes. Un brouhaha, qui devait être le bavardage des dauphins les uns avec les autres, bourdonnait autour de nous.

Il y avait apparemment une autre cavité à l'intérieur de la cavité. Nous y "marchions" en flottant.

Comme vous le savez certainement, les dauphins sont de grands êtres. Nous nous sentions très petits dans ces salles sombres. Mais nous etions entourés d'une extrême gentillesse qui pénétrait nos coeurs au plus profond. Nous sommes passés devant une pièce qui était manifestement une sorte de salle de jeux pour les petits dauphins. C'était très amusant de voir comment ces joyeux bambins suivaient docilement les conseils d'un mastodonte, qui était apparemment leur maître. Il y avait un certain nombre d'instruments dans la pièce que je ne pouvais pas distinguer. Je n'étais peut-être pas censé le faire non plus. Aranis nous a encouragés à continuer. Dans la pièce voisine, il y avait la police des dauphins, ou quel que soit le nom qu'on leur donne.

Aranis nous a alors expliqué: "Les dauphins qui sont envoyés sur Terre risquent un destin terrible. Je suppose que vous le savez. Par conséquent, les dauphins forment des types spéciaux de policiers et de gardiens qui doivent aider les individus de diverses manières, mais aussi se protéger les uns les autres. Il y a tant de pièges. Certains dauphins s'exposent intentionnellement aux dangers pour agir comme une sorte de martyr. Un certain nombre d'humains sont excessivement méchants et brutalement cruels, en particulier dans la partie nord de l'hémisphère. Ils forcent ces majestueuses créatures à endurer de grandes souffrances. Dans de tels cas, la police des dauphins n'a aucune chance. Beaucoup d'entre eux endurent librement la torture et la mort afin de pouvoir accompagner leurs camarades à Sirius B. Un fois rentrés chez eux, les malades et les mourants bénéficient du plus formidable des processus de guérison. C'est un domaine dans lequel les dauphins excellent."

Les dauphins mènent ici une riche vie de famille. Ils sont à leur place les uns avec les autres aussi longtemps qu'ils vivent. Nous avons vu plusieurs de ces familles parfaitement unies. Les matriarches semblaient très aimantes et protectrices envers leurs jeunes dauphins, car elles jouaient à leurs jeux de plongée indisciplinés tout près, en les surveillant. Les membres de la famille se parlaient en émettant des sons variés, dont on pouvait supposer qu'il s'agissait de leur propre langage de dauphin.

Aranis nous a conduits un peu plus loin à travers les grottes bleues et étincelantes, jusqu'à ce que nous arrivions à l'hôpital. Il n'y avait pas de lits, bien sûr, mais les dauphins malades et blessés étaient allongés sur des tapis moelleux faits d'algues et étaient, de toute évidence, traités à la fois habilement et efficacement par d'autres dauphins en bonne santé. Aranis a expliqué que tous les dauphins adultes étaient des guérisseurs très efficaces. Les techniques leur ont été enseignées dès leur plus jeune âge.

"Qui dirige les dauphins?" a demandé Mlle "la curieuse" Lydia.

"Nous sommes sur la bonne voie pour le voir," répondit Aranis. Nous avons donc marché (nagé, flotté) dans une cavité qui était très différente des autres.

"Les dauphins sont si méticuleusement organisés qu'il est facile de voir qu'ils ne peuvent pas faire partie du Règne Humain ou Animal. Appelons-les plutôt 'êtres évolués supérieurs'." La voix d'Aranis retentit avec une révérence profonde et j'ai ressenti la même chose en voyant la grandeur de cette nouvelle pièce. Elle était splendide et parfaitement ordonnée. Tout était disposé en cercle. Deux dauphins extrêmement grands et puissants, l'un légèrement plus petit que l'autre, étaient assis (ou couchés) dans le cercle central.

"Notre Couple Royal" annonça notre guide en guise d'introduction, puis, en nous voyant, les deux dauphins se levèrent pour nous saluer. Ils nous ont salués avec leurs nageoires et ont ri de bon cœur. Les dauphins ont le sens de l'humour et sont la preuve vivante de l'Amour vaste et universel qui règne sur leur royaume. Ils ont crié quelque chose de guttural à Aranis alors que les membres les plus proches du Couple Royal se dispersaient pour former un passage entre eux. Aranis nous a fait signe de l'accompagner pour aller vers eux. Les deux régents étaient excessivement décorés, avec des bijoux accrochés à la tête et au cou. Cela me semblait un peu idiot, me suis-je dit imprudemment.

Aranis, comme d'habitude, a lu mes pensées, mais a simplement souri en s'excusant. "Il doit y avoir un moyen reconnaissable de distinguer les dirigeants du peuple," me chuchota-t-il. "C'est la manière choisie, du moins pour les occasions spéciales ou cérémonies comme aujourd'hui. Ce jour de fête spécial est organisé en l'honneur de votre venue chez eux depuis les royaumes supérieurs. Ici, tout se déroule de la manière la plus démocratique qui soit. Alors s'il vous plaît, saluez et inclinez-vous, si vous le voulez bien!" C'est ce que nous avons fait.

Le Couple Royal était entouré d'au moins cinquante dauphins. Aranis a expliqué qu'il s'agissait de conseillers; ils résolvent ensemble tous les problèmes sans jamais être en conflit.

La Reine se leva et s'avança vers Lydia. Elle se prosterna et la caressa avec son nez. Soudain, Lydia se mit à s'étirer sur la pointe des pieds et lui rendit la pareille par de petits baisers et des caresses, du mieux qu'elle put, tout en essayant d'atteindre la grande tête de la Reine. Lydia ne retient jamais ses démonstrations d'Amour. J'étais un peu plus réservé, ou comme Lydia l'aurait dit, snob. Je regrette beaucoup que nous n'ayons pas pu converser avec ces êtres merveilleux, et je me suis juré d'étudier la langue des dauphins dès que je reviendrais dans notre dimension. Aranis, cependant, a pu leur parler avec aisance. La discussion s'est vite terminée et nous avons traversé toutes les pièces et récupéré nos casques.

"Vous pouvez dire au Ciel que les dauphins sont ses plus humbles serviteurs," nous a confié Aranis. "L'ordre parfait, la lumière et une atmosphère d'Amour règnent sur tout, infailliblement. Ils ne vous en veulent pas pour les atroces exécutions de dauphins qui ont lieu actuellement, malgré toutes les interdictions et les avertissements. Ils comprennent, pardonnent et guérissent. Bientôt, tout cela va changer, disent-ils. Les humains malfaisants que nous appelons la Cabale seront exilés sur une autre planète pendant que la Terre sera 'purifiée'. La pénitence sera imposée et des écoles seront créées pour la Cabale, dans lesquelles ils ne pourront pas éviter l'amélioration et la contrition. L'ensemble de l'Univers sera la bonne création de Dieu au sein d'un monde juste. C'est à cette fin que nous travaillons, dans une organisation à laquelle participent la plupart des planètes avec leur flotte spatiale.

"Cependant, nous allons maintenant rendre visite aux gens de mer, où Oannes règne. C'est lui que Mariana a vu dans sa vision d'adolescente, bien qu'elle ne l'ait peut-être pas réalisé. Elle va donc maintenant nous rejoindre tous les trois, dans notre expedition, et apprendre qui sont exactement les amphibiens."

20. Visite chez les Amphibiens

"Selon une vieille légende, c'est Oannes qui a été le fondateur de toute civilisation sur Terre," a déclaré Aranis, alors que nous entrions dans le vaisseau qui nous attendait devant la cité des dauphins. "Cependant, le monde dans lequel vivait son peuple ressemblait beaucoup à celui des dauphins. Son royaume, en ce qui concerne l'air et la civilisation, était comme un mélange de celui des dauphins et des humains. Bien qu'il y ait de nombreux amphibiens sur Terre de nos jours, les êtres humains ne croient pas en eux. Vous allez maintenant avoir la preuve qu'ils existent, tout autant que les habitants ordinaires de la Terre."

A la minute où nous sommes sortis du vaisseau, nous avons réalisé que nous étions toujours au fond de la mer. Aranis nous a demandé de mettre nos casques. Tout comme auparavant, nous nous sommes ensuite mis à traîner sur le sable. Il était peut-être un peu moins envahi par la végétation, avec moins de plantes aquatiques, mais nous étions entourés exactement de la même lumière turquoise. Nous avons traversé une énorme grotte, où de petits poissons nageaient dans une lumière qui provenait de je ne sais où. Il y avait une porte à l'intérieur de la grotte. Aranis a frappé trois fois dessus, puis un homme l'a ouverte. Pour le bien du lecteur, lorsque je parle d'hommes et de femmes, je souhaite décrire leur apparence, afin de vous aider à les comprendre et à les imaginer. Tout le monde s'est précipité vers nous, en saluant de la tête et en souriant.

Ils ressemblaient tous à des gens ordinaires, mais ils étaient plus vieux jeu que nous. Leur peau était lisse et très pâle, et leurs yeux verts étaient clairs et nuancés. Leurs bras et leurs jambes ressemblaient beaucoup aux nôtres, à part le fait qu'ils étaient pour la majeure partie enfermés dans une combinaison de poisson qui semblait faire partie intégrante de leur peau recouverte d'écailles. Je n'ai jamais réussi à déterminer si les écailles faisaient partie de leur peau corps ou si on les avait mises comme on met des collants. Il était évident que ces derniers étaient bâtis comme des humains. On ne voyait pas beaucoup leurs cheveux, car ils avaient tous leur capuche sur la tête. Le visage des hommes était barbu. Par ailleurs, il y avait d'autres êtres, ressemblant comme deux gouttes d'eau à des poissons, mais capables de marcher debout sur leur queues puissantes de poisson. Un peuple vraiment unique!

Les dauphins et les amphibiens se déplaçaient dans la cavité où nous sommes entrés à l'unisson. Je me suis donné pour priorité d'observer attentivement les habitants de cette pièce. Je commençais à me lasser de toutes les grottes magnifiquement décorées que nous avions vues en si grand nombre. Les planètes que Lydia et moi avions visitées en étaient remplies. Je pense qu'il doit y avoir beaucoup de montagnes sur la plupart des planètes, et par conséquent, les habitants ont cherché les cavernes naturelles qui s'y trouvent.

Aranis tira sur ma manche. "Voici nos chefs," me dit-il.

Tout comme dans la Cavité Royale des dauphins, le Couple Royal des amphibiens était assis au bout d'une longue table, apparemment dressée pour un banquet. On y avait déposé devant chaque personne des assiettes et des gobelets, et on avait empilé sur la table de divers plats de fruits et d'autres aliments.

Le Couple Royal n'était pas comme les dauphins. Ils étaient magnifiquement habillés en costume de poisson, mais leur tête et leur corps étaient entièrement humains. La seule chose qui n'était pas humaine chez eux, c'est qu'ils avaient des branchies à la place des oreilles. Cependant, la Reine avait un tas de bouclettes de couleur verte qui les dissimulait. Elle et le Roi portaient tous deux des couronnes de perles qui constituaient de magnifiques chefs-d'œuvre de l'artisanat, un donc un vrai travail d'orfèvre. Ils portaient de longs manteaux qui brillaient d'une lumière subtile et qui était émise par chaque pli. Cela créait une atmosphère assez belle, bien que particulièrement irréelle. Cette idée m'est venue à l'esprit même si, à proprement parler, j'étais moi-même irréel. Je semblais l'avoir oubliée. En fait, toute cette situation était pour nous une conception entièrement nouvelle de la réalité, et je pouvais voir comment Lydia, elle aussi, était totalement hypnotisée par ce spectacle. Je ne pourrais pas exactement vous dire de quel matériau étaient faits les larges trônes à haut dossier présents dans la salle, mais ils ressemblaient à des filigranes d'or d'une complexité exceptionnelle.

Le Couple Royal s'est levé et nous a embrassés tous les deux. C'était presque comme une étreinte humaine parfaitement ordinaire, quoique peut-être un peu plus légère. On entendait une musique légère, douce et acoustique, provenant des hauts plafonds.

"Vous, qui représentez le Royaume Humain de la Terre, soyez les bienvenus," annonça la Reine, en souriant gentiment. "Vous allez, bien sûr, dîner avec nous ?" elle fit un geste de la main et deux places supplémentaires apparurent immédiatement autour de la table. Il y en avait une pour moi, à côté du Roi, et une pour Lydia, aux côtés de la Reine. Nous nous sommes assis avec précaution sur ces chaises somptueusement décorées, ayant momentanément oublié que nous étions nous aussi délicats!

"Vous voulez sans doute savoir comment cette partie de Sirius est gouvernée," proclamait le Roi d'un air interrogateur, tout en me donnant une petite tape amicale dans le dos. "Ce n'est pas très compliqué, vous verrez. La Reine et moi avons chacun notre propre Conseil, tous deux composés de douze membres. Nous nous entretenons avec eux pour discuter et répondre à toutes les questions, puis nous nous réunissons tous ensemble pour une discussion finale. Bien sûr, des différends surgissent parfois, mais ils sont immédiatement réglés par un vote ou un débat. Nous sommes surtout intéressés par l'opinion du peuple, c'est pourquoi les votes des représentants élus du public sont toujours pris en compte. De cette façon, nous nous assurons d'éviter le désordre politique. Si une situation de réticence, d'envie ou de malaise devait se produire dans les rangs des dirigeants, elle serait rapidement réglée. En revanche nous n'utiliserons jamais la violence pour cela. Notre politique consiste à toujours faire preuve de raison et, le plus souvent, la Reine ou moi-même nous chargeons de parler au malheureux concerné. La parole de la raison est une méthode très efficace pour résoudre les problèmes, et elle est adoptée partout - sauf sur Terre."

"Avez-vous une sorte de système bancaire?" ai-je demandé.

Le Roi a éclaté de rire en réponse. "Oui, on peut dire que nous en avons un," proclama-t-il en souriant. "Le meilleur système bancaire que l'on puisse imaginer est de ne pas avoir de banques du tout, et de se dispenser de l'utilisation de l'argent. C'est ainsi que cela se passe ici, mais aussi sur la plupart des autres planètes. Nous avons la capacité de créer la plupart des choses par la pensée. En effet, la Loi Divine de l'Abondance nous écoute et nous accorde ce que nous souhaitons. Nous sommes très surpris par le fait que le système présent sur Terre soit basé sur l'argent. L'argent engendre l'envie, la compétition, l'avidité et des comparaisons sans fin. Tout cela représente une source perpétuelle de mécontentement. Vous ne trouverez rien de tout cela ici. Quand est-ce que les êtres humains sur Terre pourront enfin comprendre cela?"

"J'ai entendu dire qu'il se passe des choses sur Terre," dit la Reine avec un sourire complice, en posant son bras sur l'épaule de Lydia. "De grands changements sont nécessaires là-bas, et de grands changements vont se produire, comme si tout l'enfer se déchaînait. Alors, qu'en pensez-vous?"

"Nous en sommes conscients, et c'est presque certainement la raison principale pour laquelle nous avons été envoyés pour cette mission," répondit vivement Lydia. "Nous sommes ici pour apprendre autant que nous le pouvons, afin de transmettre notre savoir à la Terre. Mais comme nous ne sommes plus des êtres humains, nos bonnes expériences devront être transmises par le biais de nos contacts sur place. Il faut qu'un jour ils commencent à écouter et à essayer de comprendre ce qui doit être fait. Je pense que ce moment approche à grands pas."

La nourriture fabuleuse et délicieuse, faite à partir des meilleurs mets végétariens provenant de la mer, nous a fait taire. Partout où nous avons pu manger, on nous a servi une abondante variété de merveilleux plats végétariens. Le karma des animaux ici n'incluait pas le fait d'être dévoré par les humains. Pour eux, nous étions clairement des cannibales. Ils vivaient et mouraient naturellement. La Nature elle-même est suffisamment sage pour décider du sort de ses habitants. J'ai poussé un profond soupir. Je ne voulais pas réfléchir au manque de considération et de compréhension des humains. Il y avait longtemps que je n'en n'avais pas été un. J'ai soudain pensé à un steak bien saignant et j'ai eu la nausée. Si seulement les gens étaient capables d'expérimenter personnellement la misérable souffrance que les animaux subissent avant leur abattage, peut-être cesseraient-ils de manger de la viande.

Après le dîner, nous avons accompagné le Couple Royal pour une visite des grottes annexes, dans lesquelles ils cultivaient leurs récoltes. C'était assez magnifique. Nous avons même vu comment vivaient les enfants amphibiens. Je crois fermement que beaucoup d'enfants humains seraient remplis de jalousie s'ils pouvaient les voir, car c'étaient sûrement les enfants les plus heureux et pétillants que je n'avais jamais vus. Chaque fois que leur vitalité devenait un peu trop bruyante, un signal se faisait entendre, à la suite de quoi les malicieux se taisaient immédiatement. Il y avait des jeux et des jouets que je n'avais jamais vus auparavant. Il y avait des balançoires, des trampolines, et toujours des adultes présents pour donner un coup de main. Les enfants chantaient et jouaient de petits instruments bizarres, semblables à des flûtes ou des violons, mais avec des boutons et des cordes. La musique était douce et agréable. Ils dansaient également, seuls ou à plusieurs. C'était sans aucun doute l'école la plus harmonieuse que j'aie jamais vue.

"Il y a quelqu'un qui vous attend ici," dit la Reine, en prenant Lydia sous son bras. Ainsi, nous sommes retournés dans la salle du trône. Avant de parvenir à entrer, on entendit un aboiement sauvage venant de l'intérieur, et quelque chose se dirigea directement sur Lydia, la faisant basculer. Elle ne pouvait plus se relever. Une langue rugueuse lui léchait le visage.

Elle cria "Lissa!" serrant le chien dans ses bras qui étouffait presque.

"Pèlerin!" criai-je en le donnant des petites tapes partout, dans une joie extrême de le revoir.

Il nous rapprocha de lui, Lydia et moi. "Venez, nous devons nous hâter de remonter à la surface, vous ne pouvez pas rester ici plus longtemps!"

Derrière lui se tenait Aranis, qui libéra Lydia du chien. Nous avons alors rapidement fait nos adieux au charmant couple de Rois et, en une minute, nous nous retrouvions à nouveau sur la terre ferme, et pouvions enlever nos casques.

21. Le Restaurant the Stairway

"Avez-vous faim?" demandait Aranis après avoir réussi à grimper dans le vaisseau qui était stationné derrière lui. J'avais toujours faim quand j'étais en forme physique, et j'étais donc sur le point de dire "Oui," quand Lydia a crié pour la première fois un "Non!" retentissant.

Nos estomacs n'étaient apparemment pas en harmonie, mais j'ai choisi de garder le silence. Aranis et le Pèlerin étaient assis en face de nous, et Lydia avait le chien sur les genoux.

"Vous allez participer à quelque chose d'unique," dit le Pèlerin, "c'est la raison pour laquelle je suis venu ici. D'une part, je voulais vous parler un peu de la suite de votre voyage, et d'autre part, je souhaitais être présent pour la Chant du Soir dans la Caverne d'Ivoire. Ceci n'a lieu qu'une fois par an, et la dernière fois je l'ai manqué."

"Pourquoi si rarement?" demandait Miss Inquiétude. "Pourquoi ne pas organiser plus souvent ce genre de soirées? Tout comme sur Terre et dans les Sphères Célestes. Ne sont-elles pas des chants à la louange du Soir et du Divin?"

Aranis sourit doucement et répondit: "Nos Chants du Soir ne correspondent peut-être pas exactement aux vôtres. Bien sûr, c'est un chant de louange, mais avec une plus grande intensité et un plus profond caractère. C'est une méthode de purification en préparation des rêves de la nuit, une sorte de performance de la Nature." Lydia, en haletant un peu, a enfoncé sa tête dans la crinière touffue du chien. Je savais qu'elle essayait de retenir une crise de rires.

Pour tenter de la couvrir, je me suis empressé de dire: "Nous sommes tellement impatients de vivre cette expérience rare, et d'avoir l'occasion d'apprendre quelque chose de nouveau qui peut être d'une grande valeur pour nos amis lorsque nous rentrerons à la maison."

"Nous allons bientôt atterrir," a annoncé Aranis, juste au moment où le train d'atterrissage du navire toucha le sol avec un grand fracas. Malgré ce bruit, l'atterrissage s'est fait en douceur. Nous sommes sortis sur une terrasse équipée de tables et de chaises. Lydia et moi-même nous sommes précipités vers une belle clôture ornée de fleurs, et nous sommes penchés par-dessus. En bas, il y avait une autre terrasse, et en dessous, j'en ai entrevu une autre. J'ai vite compris qu'il s'agissait des terrasses de la Cité des Terrasses Suspendues, que nous avions vues lorsque nous sommes arrivés sur Sirius.

"Assieds-toi, s'il te plaît!" ordonna Aranis. "Nous sommes en avance, alors j'ai pensé que nous pourrions manger quelque chose avant de nous diriger vers la montagne."

J'ai jeté un coup d'oeil en bas et j'ai vu la plus bleue des eaux bleues, avec des tas de petits bateaux rigolos qui tanguaient sur les vagues.

"Nous allons descendre tout là-bas, et de là, naviguer jusqu'à la montagne," a expliqué le Pèlerin. "Je pense que vous apprécierez ce voyage et surtout ce qui va en suivre."

Au bout de la terrasse où nous étions, une jeune fille s'est approchée avec un plateau qu'elle a posé sur notre table. Elle a placé devant nous quatre gobelets et assiettes vides, ainsi que des couverts. Mais pas de nourriture.

"Maintenant, c'est à vous de décider ce que vous voulez manger!" a déclaré Aranis. "Et, 'Illico Presto!', la nourriture que vous désirez apparaîtra devant vous."

"Vous ne pouvez pas créer quelque chose pour nous?" Je l'ai supplié. "J'aimerais goûter une spécialité locale de cette région." Lydia approuva de la tête. Lissa était à ses pieds et ronflait fort.

A peine une minute plus tard, de délicieuses portions de nourriture chaude sont apparues devant nous. Il y avait des plats de légumes dont certains que je ne reconnaissais pas, et au centre de la table, il y avait un gros pain frais prêt à être découpé en morceaux. Bien que Lydia ait nié avoir faim, elle s'est littéralement jetée sur la nourriture et a mangé avec un appétit d'ogre. Elle a nettoyé tous les plats. Quelle amusante petite chose cette Lydia!

Après avoir dîné, Aranis nous a conduits près d'un mur qui se trouvait derrière la table à manger. Nous n'avions pas remarqué qu'il y avait un ascenseur. En entrant dans ce dernier, je me suis demandé si les ascenseurs avaient été inventé par les humains ou par les habitants de Sirius. Un éclat de rire a interrompu cette pensée.

"En fait, c'était ici, sur Sirius," a dit Aranis. "Les ascenseurs existent ici depuis des milliers d'années; la planète est très montagneuse et les gens avaient besoin d'un moyen pour monter et descendre. Les premiers ascenseurs étaient simples et ouverts. Puis au fil des ans, leur structure a évolué pour ressembler à celle des ascenseurs de la Terre. Les habitants de Sirius ont visité la Terre de nombreuses fois. Ils ont appris des choses et ont enseigné, mais ils ont surtout enseigné, bien sûr!"

J'ai gardé mon silence; il avait probablement raison. L'ascenseur s'est arrêté et nous sommes sortis, avec Lissa en tête. Nous étions arrivés sur le port. C'était vraiment une expérience magnifique, avec tous ces bateaux étranges aux couleurs et aux formes incroyables. Aranis, suivi de près par le Pèlerin et Lissa, s'est arrêté à l'approche d'un bateau aux reflets rouges et roses. Ce dernier avait un pour proue un dauphin argenté. Une échelle fut alors lancée sur la jetée. Il ne restait plus qu'à monter à bord.

Le bateau s'est ensuite immédiatement mis en route, en laissant derrière lui la terre ferme. Grâce à sa voile aux reflets argentés, nous avons réussi à maintenir une bonne vitesse. Une haute falaise sombre se profilait à notre gauche. Elle dégageait une lumière étrangement intense. On entendit quelqu'un chanter. C'était un homme, debout près de la rambarde de garde à l'arrière, qui chantait sa plus belle chanson. C'était si beau que j'en ai eu les larmes aux yeux, et j'ai remarqué que Lydia essuyait les siennes. Rien de ce que nous connaissons sur Terre n'était comparable à ce chant. Cependant, une voix qui chante est toujours une voix qui chante, même si le timbre de cet homme fluctuait entre la basse et le ténor d'une manière très inhabituelle. Lorsqu'il eut fini, le bateau accosta. On abaissa la passerelle puis nos deux guides nous firent signe de les suivre.

Nous nous sommes retrouvés dans une cavité à l'intérieur de la falaise. Nous avons emprunté un escalier qui menait à une corniche. En bas, la mer était d'un bleu azur, et nous avons vu notre bateau repartir, surfant en direction du coucher de soleil. Le rebord de la falaise nous a conduit à une porte située dans la roche. Celle-ci s'est ouverte alors que nous nous en approchions. Nous sommes restés debout sur le seuil, complètement pétrifiés par ce que nous étions en train de voir.

22. Chant du Soir dans la Caverne d'Ivoire

Que dois-je dire, "Tétanisé par l'admiration et la fascination?"

C'était tout simplement stupéfiant! C'était réellement bouleversant et merveilleux! Cette grotte était comme sortie tout droit d'un livre de science-fiction. Elle était éclairée par une lumière turquoise provenant d'une grande ouverture dans le plafond tandis une belle musique apaisante nous berçait. Il nous a fallu un certain temps pour que nos yeux parviennent à s'habituer à la lumière. Il y avait un podium placé au milieu, et toute la salle était remplie de bancs fixés au sol. Les bancs étaient recouverts de coussins moelleux, mais il n'y avait pas de dossiers. Ils semblaient avoir été taillés directement dans la roche.

Nous avons aperçu quelques entités lumineuses, apparaissant comme une sorte de brume se déplaçant en une espèce de batifolage féerique le long des murs de la pièce. L'auditorium n'était pas carré - en fait, rien n'était vraiment carré. Certaines extremités de la pièce étaient arrondies et recouvertes de plantes qui formaient comme un rideau. On pouvait y sentir de merveilleux parfums.

Aranis et le Pèlerin se précipitèrent entre les rangées de bancs et s'assirent près du podium. Lydia et moi avons fait de même. Ce n'était pas vraiment inconfortable, mais ça n'était pas confortable non plus. Cela était du au manue de support pour le dos. Cependant, nous avons rapidement eu d'autres choses en tête.

Les gens affluaient et, à ma plus grande surprise, le

gigantesque auditorium était plein à craquer. La salle était remplie de divers individus. La majorité ressemblait à des humains, tandis que d'autres étaient des amphibiens. Il était difficile de définir ces êtres de manière précise. La lumière dans l'auditorium devenait de plus en plus puissante, la musique aussi. Les derniers participants sont entrés et on ferma les portes dans un grand bruit. La lumière s'est à nouveau progressivement atténuée et tout le monde s'est mis au garde-à-vous dans un silence absolu tout en orientant son regard vers le podium, sur lequel une dame et un homme se sont soudainement mis debout.

La dame avait une aura de lumière vert pâle. Elle était incroyablement belle, avec une chevelure épaisse et argentée, couronnée d'un diadème étincelant. Elle avait de grands yeux foncés, un petit nez bien formé et une bouche fine. On sentait, à travers son doux sourire, qu'elle rayonnait d'un Amour universel qui nous pénétrait tous. La robe qu'elle portait scintillait aussi intensément que son diadème, et elle avait les bras tendus vers le public. Cela nous donnait étrangement la sensation de recevoir une véritable accolade. J'ai appris par la suite que tous ceux qui étaient présents avaient ressenti cette drôle de sensation.

L'homme, quant a lui, était grand et sa silhouette entière scintillait comme de l'or. La femme lui arrivait à la hauteur des épaules, ce qui indiquait clairement qu'il était très grand. Ses cheveux étaient longs jusqu'aux épaules, dans des nuances de brun et d'or. Il avait des traits forts et attrayants et un magnifique sourire. Le manteau qu'il portait lui donnait un air de statue dorée - bien que celle-ci très animée. Lorsqu'il tendait les mains pour nous saluer, nous pouvions sentir sa poignée de main et nous ressentions son regard au fond de nos yeux. C'était vraiment une expérience unique en son genre.

Puis une voix s'est fait entendre. Chacun des mots pénétrait comme quelque chose de vivant dans l'oreille, pour finalement s'incruster dans le coeur, où il était mémorisé pour toujours. J'ai vu beaucoup de choses étranges, mais je n'ai jamais rien vécu de tel. Les mots prononcés étaient les suivants:

"Bienvenue à la Chant du Soir de Sirius, à vous qui résidez ici et à ceux qui viennent tout droit d'autres corps célestes! Le chant qui vibre maintenant dans vos cœurs est une résonance de la propre lyre venant de Sirius. Nous sommes maintenant en contact direct et en fusion avec l'Unique, la Mère/Père de notre monde et de tous les autres mondes qui ressemblent au nôtre. Il y a un flux d'énergie qui sera directement transmis entre les personnes présentes dans l'auditorium de la caverne de Sirius et Dieu, qui est le Créateur et la Première Source. Lorsque le ton primitif retentira, vous deviendrez tous des composantes physiques de Lui/Elle, de son Esprit et de son Emanation. Chacun d'entre vous sera MOI!"

Ce qui a suivi, je ne l'oublierai jamais! Lydia peut le confirmer. Même Lissa est restée absolument immobile. C'est comme si elle était dans un état de sommeil, tout en étant éveillée.

La difficulté est de raconter ce qui s'est passé. Mariana, qui n'était pas présente, n'a que mon propre récit comme référence, ce qui lui donne une tâche un peu difficile. C'était une expérience cosmique, si éloignée de tout ce qui est terrestre qu'aucun mot ne peut la décrire avec précision. Peut-être suffira-t-il pour vous, lecteurs, que je vous dise que les mots et la musique ont circulé ensemble dans des énergies que l'on ressentait comme une enveloppe chaude qui enveloppait notre cœur et l'imprégnait d'un sentiment indescriptible de bonheur extrême. C'était une sensation de bonheur parfait qui se faisait sentir de la tête aux pieds, irradiant les bras et les jambes. Notre cœur semblait se charger d'ondes chaudes et vibrantes. Certes, nous avons la chance de disposer d'un langage en apparence riche et varié, mais il s'avère hélas limité lorsque je tente en vain de décrire cette expérience bouleversante. Une lueur et un hymne sont venus accompagner ce Chant du Soir. Nous avons tous ressenti une sorte d'accolade. C'était une preuve d'un Amour infini et sans limite.

Soudain, comme si on le leur avait ordonné, tous les participants se sont levés. Nous étions les seuls à être restés assis, comme Aranis nous avait fait signe de le faire. Puis nous avons entendu quelque chose. C'était à peine audible au début, comme un bourdonnement grave qui s'élevait progressivement. Ce bourdonnement remplissait le grand auditorium, dont la puissance et la profondeur étaient indescriptibles. Un hymne de joie pure, chanté par un chœur à mille voix, remplissait nos corps. On pouvait ressentir un bonheur et une joie qui n'existent pas sur Terre. C'était toutes nos cellules et atomes qui étaient rempli d'un Amour infini. Cet hymne sans paroles exécuté par des individus de différentes planètes nous exécutaient une symphonie d'Amour toute puissante et glorieuse.

Nous nous sommes endormis, enveloppés par celle-ci. Assis sur notre banc de pierre sans dossier, nous avons fait l'expérience la plus fraternelle de l'espace: l'Amour réciproque créé dans le Cosmos. "Il est vraiment possible d'aimer tout et tout le monde," je me réjouissais. "Il n'y a pas de limite à l'Amour."

Lydia se retourna et me lança un regard dont les yeux contenaient l'infini. C'était merveilleux. C'était fabuleux. C'était la Vérité la plus incroyable que j'avais jamais rencontrée, à la fois en tant qu'être humain et en tant qu'Ange. L'Hymne de la Vérité a résonné à travers moi. Il a pénétré chaque atome et chaque parcelle de chaque dimension dont j'étais constitué. C'était la Vie elle-même qui chantait devant moi - et devant nous tous. C'était l'essence même de la VIE créée par la Source Première et destinée à donner une beauté illimitée à la Création.

Qu'y a-t-il d'autre à dire? Le moment de la Création a coulé à travers nos mains et dans nos corps. Les sons et la musique résonnaient dans nos oreilles et la beauté cosmique éblouissait nos yeux.

Peut-on faire l'expérience de quelque chose de plus grand?

Non, il ne peut y avoir rien de plus merveilleux que de participer à la symphonie de la Source Première de la vie.

À demi-conscients, comme des somnambules, nous avons quitté cet incroyable auditorium dont la musique retentissait encore.

Dehors, nous étions un peu secoués par la lumière du jour. J'ai titubé comme un ivrogne, en remarquant que Lydia était dans le même état et que le Pèlerin lui prenait la main pour la soutenir. C'était comme si nous passions d'une vie à l'autre et que la vie actuelle, le chemin que nous avons parcouru de la grotte aux bateaux, était sans importance. La poursuite du voyage m'a paru comme une sorte de déception - mais elle était tout de même nécessaire.

Nous nous sommes assis dans l'un des bateaux, complètement stupéfaits par l'expérience bouleversante que nous avions vécue dans l'auditorium. Le doux bourdonnement du batelier nous a donné l'impression d'être engourdis. Aranis et le Pèlerin se sont tus, comme s'ils ne voulaient pas empiéter sur l'intimité de notre engourdissement. Lissa se glissa sous le siège de son maître pour se recroqueviller tranquillement, car même elle semblait comprendre la grandeur de tout ce que nous avions subi. Ce n'est qu'en arrivant au port et en se tenant à nouveau sur la terre ferme que nos langues se sont enfin déliées. Lydia et moi avons remercié nos hôtes et nos guides pour cet incroyable et splendide Chant du Soir. Ensuite, il s'agissait simplement de déterminer où nous devions continuer notre périple. La nuit était déjà tombée, et les lumières violettes du port, ainsi que les lanternes flamboyantes et vacillantes des bateaux, nous ont offert une fin de journée des plus agréables. Mais, malheureusement, nous avons été obligés de passer à autre chose.

"Vous êtes les bienvenus pour passer la nuit avec moi à Agartha," a invité le Pèlerin. "Vous pouvez aussi passer la nuit ici, mais cela implique un voyage plus long pour vous demain. Vous devez retourner aux Pléiades, car votre visite y était incomplète. Cependant, comme vous êtes des êtres physiques dans un corps humain, vous devez dormir périodiquement. Faites vos adieux à Aranis, et ensuite nous devrons y aller!"

"Qui donc était le couple qui a commencé la cérémonie dans l'auditorium de la caverne?" était la question posée par Lydia, bien sûr.

"Ils étaient les âmes suprêmes de Sirius, ceux qui gouvernent la planète de leurs mains douces et aimantes. Ils ont un lien direct avec la Première Source," répondit Aranis d'un ton grave.

"Ça va être si difficile de quitter cette planète," soupirai-je. "On est complètement bouleversé."

"Je me sens tellement chez moi ici," ajouta Lydia à son tour. Nous avons tous les deux fait connaissance avec notre nouvel ami, que Mariana connaissait depuis tant d'années.

"Vous serez toujours les bienvenus pour revenir," fut la dernière chose que nous entendîmes avant que le Pèlerin nous prenne tous les deux dans ses bras et nous ramène sur

Terre à la vitesse de la pensée.

23. Voyage aux Pléades, la Sœur de la Terre

Nous nous sommes vite retrouvés à marcher dans la mousse devant de la grotte du Pèlerin, où nous nous sentions à l'aise. Puis arrivé à l'intérieur, nous nous sommes littéralement endormis, épuisés par toutes les émotions du jour. Ce n'est que le lendemain matin, au petit déjeuner, que j'ai été en mesure de me concentrer à nouveau sur les plans que notre hôte avait prévus.

"Les Pléiades ne sont pas uniquement constituée de l'étoile Electra que vous avez visitée," a-t-il annoncé, "la Ligue Stellaire des Pléiades est similaire à votre ..."

"Similaire aux Nations Unies!" interrompit Lydia, terminant ainsi sa phrase. Le Pèlerin approuva de la tête.

"Oui, en quelque sorte," répondit-il. "Les Pléiades sont composées de nombreuses Sociétés Galactiques très développées qui, ensemble, forment un incomparable amas d'étoiles. Parmi elles, on y retrouve les plus brillantes: Alcyone, Merope, Sterope, Maia, Tageta, Celaeno et Electra, d'où vous revenez. Il y a plus de 250 000 étoiles appartenant à cet amas d'étoiles. En tout, 200 systèmes planétaires (nations stellaires) ont été regroupés pour former la Ligue Stellaire Pléiadienne. Celle-ci est située à une distance de 200 à 500 années-lumière de la planète Terre.

"Les peuples indigènes des Pléiades sont descendants d'Andromède et de la Lyre. Ils se consacrent à l'étude des arts et des sciences spirituels. On pourrait dire que l'art et la logique définissent les bases fondamentales de leur civilisation. Et c'est ce que vous allez maintenant étudier de plus près, tous les deux. Vous allez vérifier tout cela ainsi qu'observer leur influence sur le reste de l'Univers."

"Pfiou!" Je gémissais en prenant une louche de la délicieuse soupe que le Pèlerin avait déposée sur la table de pierre, "C'est une sacrée mission!"

"Pouvons-nous rentrer à la maison après ça?" demanda Lydia, tout en caressant Lissa. "J'aime tellement cette magnifique chienne que je ne veux plus jamais la quitter. Viendras-tu avec nous, Pèlerin?"

"Je vous y emmènerai," répondit le Pèlerin en souriant. "Nous verrons si je peux y rester. Nous irons cette fois à l'Alcyone. Je suppose que je vais devoir continuer à vous guider. Bon, allons faire une petite promenade."

Nous avons suivi le Pèlerin et son chien, en empruntant un chemin forestier recouvert de mousse et orné de fleurs qui me rappelaient celles de Södermanland ou de la Dalécarlie. (Dalécarlie était un ajout de Mariana, qui nous a rejoint lors de ce périple!) J'ai alors senti les arômes du pin, du bouleau, de la mousse et des baies mûres. Je n'ai pas reconnu ces dernières, mais elles ressemblaient à de grosses myrtilles, dont les feuilles vertes étaient aussi plus grandes.

Un rugissement assourdissant nous a soudain arrêtés dans notre élan. Le Pèlerin se mit à rire. "C'est juste une chute d'eau! Bon, celle-ci est un peu bruyante!", se moqua-t-il.

Le chemin forestier s'ouvrait sur un bosquet, et la chute d'eau déchaînée se dévoila dans toute sa splendeur. Elle semblait jaillir de nulle part, venant des hauteurs. L'eau en cascade miroitait, scintillait et avait une force hors du commun. Ces chutes étaient plus large que les chutes du Niagara. Je ne pouvais pas voir l'autre côté. On voyait de l'eau de partout! De la mousse, des vagues et des gouttelettes multicolores s'envolaient. Lydia avait la main sur la tête de Lissa et se contentait de contempler la vue. Toutes les deux observaient le paysage.

Le Pèlerin posa sa main sur mon épaule. "Vous avez devant vous la plus belle chute d'eau du monde," cria-t-il afin de se faire entendre. "Rapprochez-vous de moi, pour que nous puissions commencer notre prochain voyage!"

Il a placé ses bras autour de nous, et Lissa s'est glissée entre ses jambes. Et nous étions une fois de plus en suspens. Les yeux fermés, nous entendions le vacarme musical de la chute d'eau dont les tons devinrent de plus en plus faibles. En ouvrant les yeux, nous réalisions que nous étions toujours près d'une cascade, mais celle-ci était beaucoup plus petite et moins bleue.

"Bienvenue à Alcyone, qui pourrait être la soeur de la Terre!" Le Pèlerin fit un geste de la main, montrant le magnifique, quoique assez ordinaire paysage d'une chute d'eau, derrière laquelle se dressaient de grands pins, des montagnes couvertes de mousse et des falaises. De l'endroit où nous nous tenions sur la rive, nous pouvions voir qu'entre nous et cette charmante chute d'eau se trouvait une clôture assez ordinaire, apparemment faite de fil de fer. La cascade grondait, mais pas aussi fort que la précédente. Cependant, en regardant de plus près, alors que je me penchais sur cette clôture, je me trouvais face à quelque chose de totalement nouveau pour moi. En effet, au milieu de cette cascade, des corps minces et scintillants rayonnaient. Il s'agissait en fait d'Undines, ou autrement appelés "esprits de l'eau", qui dansaient dans l'écume de la cascade.

Leurs corps paraissaient relativement transparents, mais c'est probablement le reflet de l'eau qui donnait lieu à cette illusion. Un des esprits de l'eau a tendu les bras en nageant; il était si proche de moi que je pouvais voir clairement qu'il avait de vrais petits bras et un vrai corps, très semblable à celui d'un humai. En revanche il était beaucoup plus petit. Nous étions arrivés sur une planète où les Élémentaux osaient se montrer. Dans un grand pin, derrière le Pèlerin, je pouvais voir un espiègle faune qui s'agitait avec enthousiasme. Un peu plus loin, des centaures galopaient et faisaient la course. Nous avons remarqué un jeune garçon troll endormi, couché dans la mousse, alors que nous nous dirigions vers le chemin forestier qui s'éloignait au loin. Le joyeux rire de Lydia retentit bien qu'elle soulevait sa longue robe pour éviter de la piétiner.

La nature de l'Alcyone est très semblable à celle de la Terre, mais l'une des plus grandes différences est que ce que la Terre considère comme des "créatures de conte de fées" sont ici des êtres que l'on rencontre couramment, des êtres bien réels. Elles vivent en symbiose avec les gens, ainsi que les animaux. Il n'y a pas de chasseurs ici. Les Hommes et les animaux vivent en parfaite harmonie. Il est également impensable de manger de la viande. Toute forme de vie est végétarienne. Personnellement, je trouve que c'est un vrai paradis. J'aime parfois me promener ici, mais il n'y a rien qui nécessite une aide quelconque de ma part, c'est pourquoi Lissa et moi devons toujours retourner sur Terre, où on a grand besoin de notre aide."

"Alors, que faisons-nous ici?" me suis-je demandé.

"Pour la même raison que je vous ai accompagné," répondit le Pèlerin en souriant, "Je voulais vous montrer le Royaume de la Paix, pour que vous puissiez aussi donner votre rapport à ce sujet. Même le climat ici est agréable sur la globalité de la planète, ce qui ajoute à la prospérité le sentiment de bien-être. Contrairement à la Terre, Alcyone est une planète légère et accueillante. Les habitants d'Alcyone sont allés aussi loin que nécessaire dans leurs inventions, sans avoir perturbé ce que la nature avait prévu pour les plantes et la faune. Pan adore cette planète et y est un visiteur fréquent."

"Est-ce qu'ils croient en Dieu ici aussi?" se demanda Lydia, sans cesse intéressée par tout ce que le Pèlerin avait à dire.

"Je vais vous montrer une de leurs "églises", pour que vous puissiez vous en rendre compte par vous-même," répondit le Pèlerin.

Nous venions de sortir du bois, et il y avait devant nous ce que je ne peux décrire comme un petit village. Nous pouvions voir un certain nombre de petites maisons de taille modeste. Toutes les maisons étaient envahies de plantes à fleurs, avaient des toits recouverts de mousse et de nombreuses fenêtres - en fait, elles rappelaient le style plus primitif des chalets d'été communément construits en Suède au début du vingtième siècle, bien que ces derniers n'aient naturellement pas autant de fenêtres. Au premier coup d'oeil, on ne se doutait pas qu'elles étaient tout sauf primitives.

Le Pèlerin a déclaré: "Entrons!", en rentrant. Nous l'avons suivi de près, puis nous nous sommes arrêtés et avons regardé fixement. Cinq personnes étaient assises à une table en bois grossièrement sculptée, mangeant quelque chose qui ressemblait à de la bouillie ou un plat de céréales avec des épices. Il y avait un homme, une femme tenant un bébé, ainsi qu'un garçon et une fille âgés de sept à dix ans. L'homme s'est levé lorsque nous sommes entrés ; en voyant le Pèlerin, il l'a embrassé chaleureusement. Comme d'habitude, nous avons pu comprendre la langue locale.

"Bienvenue, cher Pèlerin," dit chaleureusement l'homme court et trapu, qui aurait pu facilement être un fermier suédois. Il ne ressemblait certainement pas à un extraterrestre venu de l'espace. Trois chats étaient assis en rang sur l'un des rebords de la fenêtre. Ils avaient l'air légèrement différents de nos chats - ceux-là avaient à la fois une queue et des oreilles plus longues, aussi deux des chats étaient plus grands que leurs cousins sur Terre, tandis que le troisième était plutôt plus petit. Tous les trois étaient d'un ambre tacheté.

"Je dois rentrer chez moi en Angleterre!" murmura Lydia.

"...ou en Suède," lui répondis-je en souriant.

Les gens étaient comme nous avec des maisons comme les nôtres, même les chats étaient les chats de chez nous (enfin presque). Nous nous sentions vraiment dans notre environnement, comme à la maison. Cependant, je n'ai pas vu d'appareils électroménagers terrestres, bien que la nourriture puisse sembler très chaude. En fait, il n'y avait ni cuisinière, ni four, ni cheminée d'aucune sorte à voir. Le Pèlerin a évidemment remarqué notre désarroi tandis que nous sourions poliment et hochons la tête à tous ceux qui se trouvaient à table. Le plus petit des chats sauta du rebord de la fenêtre et se faufila près de Lydia et Lissa. Le chien a donné au chat une petite lèche.

"Comment cuisinez-vous votre nourriture?" demanda Lydia, ne pouvant s'empêcher de poser la question. Tout à coup, trois chaises vides sont apparues à la table pour que nous puissions nous asseoir. À ce moment, la maîtresse de maison a ouvert la bouche pour parler, tout en essuyant le visage du bébé.

"Cuisiner de la nourriture?" répond-elle d'un ton interrogateur. "Nous créons simplement notre nourriture et ensuite nous la mangeons. Les aliments créés sont consommés partout sur notre planète. Nous la créons nous-mêmes, comme on nous l'a enseigné depuis le tout début. On dirait que vous venez de cette planète barbare qu'est la Terre!"

La femme du jeune agriculteur a un peu ri. Elle était très

jolie, et avait des cheveux blonds et ondulés qui sortaient de son chapeau blanc. Elle portait une robe à fleurs très séduisante. Elle a couché le bébé dans le berceau qui se trouvait à côté d'elle, puis a posé sur la table un récipient contenant le même genre de plat à céréales que celui que la famille avait mangé. Assiettes, verres et couverts apparurent aussitôt. Nous avons poliment goûté le porridge, puis nous en avons pris un peu plus, et nous avons finalement tout mangé. C'était absolument délicieux. Je n'avais jamais goûté un tel porridge auparavant! En fait, délicieux n'était pas le mot, c'était divin (bien que là-haut, rien n'ait le goût de rien, bien sûr). Je ne pense pas avoir mangé quelque chose d'aussi bon dans ma vie, et Lydia confirma. Ca fondait dans la bouche et laissait un arrière-goût exquis sans pareil... Il est impossible de le restituer avec les quelques mots que j'ai à disposition. Le fait que nous ayons pu apprécier cette nourriture à ce point a confirmé que nous étions dans notre corps physique ordinaire.

"Vous vouliez visiter notre église," dit le fermier, en riant joyeusement. "Eh bien, c'est ce que vous faites en ce moment. Notre maison est notre église. Nous avons aussi des bâtiments dans lesquels tous ceux qui vivent ici se réunissent occasionnellement. Nous organisons des réunions, soit pour discuter ou décider de ce que nous pensons de certains problèmes de la communauté, soit simplement pour des réunions sociales avec de la musique, de la danse et des chants. Ces réunions se tiennent fréquemment dans la salle des fêtes du village, que je peux vous montrer si vous le souhaitez. Mais comme il n'y a qu'un seul Dieu, et qu'il est le même pour tous les habitants de cette planète, aucune église n'est nécessaire. Dieu existe autant en nous qu'à l'extérieur; c'est vraiment aussi simple que cela, vous ne pensez pas?"

Je me suis senti un peu gêné lorsque j'ai réfléchi à la

multitude de croyances et de religions déviantes pratiquées sur Terre. C'était tout à fait inutile et une source ridicule d'ennuis et de conflits. La Terre ne serait-elle pas un bien meilleur endroit, avec beaucoup plus d'Amour, si seulement on y appliquait le même raisonnement? J'ai regardé Lydia et j'ai pu voir qu'elle avait tiré à peu près la même conclusion.

"Merci beaucoup pour votre aimable proposition de nous montrer la salle des fêtes," dis-je, "mais nous préférerions voir un peu plus de la nature et des êtres qui y vivent. Il se trouve que j'ai aperçu un des Élémentaux au bord de la rivière, lorsque nous sommes arrivés ici."

"Ils mènent des vies en parallèle avec nous et sont les meilleurs voisins qui soient," a dit le fermier, dont le nom était Ejur. Sa femme s'appelait Nia. "Ils peuvent raconter des histoires à tous les enfants qui aiment les contes de fées," a-t-il poursuivi.

"C'est avec un grand regret que nous devons continuer notre voyage," s'est exclamé le Pèlerin.

Rien ne m'aurait plus plu que de rester, mais le Pèlerin savait ce qui nous attendait, et nous avions confiance en sa décision. Nous avons fait nos adieux à cette accueillante famille de fermiers et nous sommes partis dans les bois. Ejur et Nia ont souligné que nous étions les bienvenus chez eux avant de repartir de cette planète. "Ce n'est pas comme cela partout, n'est-ce pas?" demanda Lydia à notre ami.

"La famille que vous venez de rencontrer est typique des habitants de l'Alcyone," a répondu le Pèlerin. "Il n'y a pas de grandes villes ici, juste beaucoup, beaucoup de petits villages, très semblables à celui que nous venons de visiter. Ils ne sont pas tout à fait identiques, mais il n'y a pas grand-chose qui les distingue."

Nous nous sommes alors contentés de nous plonger dans les profondeurs des murmures et des fredonnements des ombres de la forêt, alors que la fin de journée pointait le bout de son nez.

24. Une Nuit aux Pléiades

Lydia m'a pris la main. La forêt était étrange. Il y avait des bruits et le vent soufflait. On entendait des soupirs et des chuchotements. Le Pèlerin s'arrêta. Il sortit un petit sifflet qui donna un signal, provoquant un sifflement qui venait de derrière nous. Un véhicule bien éclairé s'est arrêté en faisant un dérapage.

"Je pense qu'il vaut mieux que nous poursuivions notre route dans cette direction," conseilla notre ami, et fit entendre un autre signal avec son sifflet. Une porte s'est ouverte et on a hissé une échelle. Il ne restait plus qu'à monter dans le véhicule, qui était à peu près comme les précédents dans lesquels nous avions voyagé, c'est-à-dire allongé, avec des bords arrondis, une place à l'avant où se trouvaient le Pèlerin et Lissa, plus deux sièges à l'arrière pour Lydia et moi. On se sentait plus en sécurité que dans la forêt.

Nous sommes montés très haut, au-dessus de la cime des arbres. Puis, alors que nous avancions lentement et régulièrement, à travers un voile de nuages comme des toiles d'araignée suspendues au-dessus de nos têtes, le Pèlerin annonça: "Je voudrais vous dire où nous allons. Cette planète a deux facettes, et nous sommes maintenant en route vers la deuxième. Ce n'est pas du tout comme l'endroit que nous venons de laisser derrière nous. Cette région est plutôt sauvage et rude, avec la mer, des falaises déchiquetées et des forêts sombres."

"Il y avait une forêt là où nous avons embarqué," corrigea Lydia.

"C'est vrai, ma chère," rétorqua le Pèlerin, "mais c'était

une forêt bien entretenue dans laquelle vivent les Élémentaux. A l'inverse, la forêt que nous allons visiter n'est pas bien entretenue, et ceux qui y habitent sont quelque peu primitifs. Les habitants sont connus sous le nom de Xelurers, un peuple très différent de tous les autres que vous avez rencontrés. Ce sont en fait des êtres humains, avec une culture qui leur est entièrement propre. Ils sont belliqueux et extrêmement méfiants envers les étrangers. Je les connais et j'ai été accepté dans leur communauté, c'est pourquoi je vous conseille de rester très proche de moi afin de vous assurer qu'aucun mal ne vous sera fait. Lissa est déjà venue ici et sera prête à vous défendre si nous sommes attaqués."

"Ça a l'air horrible!" J'ai protesté.

"Pas vraiment, mais j'imagine que cela pourrait être une expérience assez intéressante pour vous, et que vous pourrez raconter tout cela à ceux d'en haut," a confié le Pèlerin avec un petit sourire. "Bien sûr, il ne vous arrivera rien de périlleux, je voulais simplement vous préparer à ce qui peut vous arriver."

"Merci beaucoup. Je vais rester collé à Lissa." Pas de doute sur la personne qui a fait cette déclaration!

Le véhicule a atterri avec un bruit sourd. Nous avons regardé par les fenêtres, et n'avons vu que des montagnes à perte de vue. Il n'y avait ni route, ni forêt en vue, seulement un amas de falaises de différentes hauteurs. Il faisait très sombre.

"Nous sommes tôt dans la matinée ici," nous informa le Pèlerin, alors que nous nous tenions sur le rocher irrégulier, tremblant de froid. Il s'excusa avec empressement, invoquant immédiatement de longs manteaux doublés de fourrure et de petites bottes confortables, doublées également de fourrure. Ces dernières donnaient l'impression de marcher sur de réels coussins aux semelles résistantes. Dans l'instant qui a suivi, nous avons été équipés de mitaines et de bonnets en cuir adaptés. L'expression amusée de Lydia me faisait dire que je devais ressembler à un énorme ours en peluche, mais le Pèlerin n'avait pas l'air mieux non plus. Lissa s'assit sur la falaise, nous fixa du regard et aboya. Même Lydia n'était pas aussi gracieuse que d'habitude, elle ressemblait étrangement à un rat géant. Ainsi équipés, nous nous sommes frayés un chemin au cœur des montagnes, tout en restant près du Pèlerin. Notre véhicule est resté là où nous l'avions laissé.

Nous avons traversé la dense végétation dans un froid glacial. J'y étais habitué dans une vie antérieure, mais ici, il n'y avait ni neige ni glace, juste une humidité désagréable qui se dégageait du sol, comme une vapeur malodorante s'élevant d'une marmite. La puanteur était nauséabonde, mais le Pèlerin laissait ses traces, et nous suivions consciencieusement ces dernières. Nous avons alors quitté le rebord de la falaise et nous sommes entrés dans un labyrinthe composé de pierres verticales qui étaient bien plus hautes que nous.

Nous avons vite compris pourquoi un tel labyrinthe se trouvait à cet endroit, car une masse d'indigènes est venue de nulle part en courant derrière nous. Je dis "indigènes", parce que je ne sais pas comment les décrire autrement. Ils avaient la peau légèrement bronzée et des corps qui semblaient entièrement humains. La majorité d'entre eux étaient masqués, mais ceux qui ne l'étaient pas avaient d'énormes yeux bruns, un nez pointu en forme de bec et de longues oreilles tombantes. Leur bouche était grande, mais difficile à décrire, car ils nous criaient dessus. Enfin, ils semblaient crier parce que nous n'entendions pas un seul son ce qui était très étrange.

"Les Xelurers communiquent uniquement par télépathie. Ils ne parlent pas, et sont totalement muets," expliqua le Pèlerin. "Il faut apprendre à lire leurs expressions faciales. S'il vous arrive de mal interpréter quelqu'un, vous le saurez très rapidement." Il a éclaté de rire.

À ce moment, un Xelurer se tenait juste devant lui, et son regard intimidant ne laissait planer aucun doute. J'étais sur le point de prendre la main de Lydia, mais j'ai soudain réalisé qu'elle avait disparu. Lissa était assise au même endroit, et était totalement confuse.

"Où est Lydia?" demandai-je au Pèlerin, qui était engagé dans une discussion très bruyante avec l'intimidateur, dans laquelle une seule voix se faisait entendre.

"Elle va bientôt revenir," me répondit-il. "Apparemment, les femmes de ce village souhaitent l'examiner de plus près. Elles ne sont pas habituées à recevoir des visiteurs ici."

Ne pas pouvoir voir Lydia ou savoir où elle se trouvait était pour moi un sentiment très désagréable. Nous étions constamment ensemble. J'ai jeté un coup d'œil au Pèlerin et il m'a fait un sourire rassurant.

"Je pense que je dois maintenant aller chercher Lydia," annonçais-je brusquement, tout en essayant de passer avec mon coude devant les Xelurers, ce qui n'était pas du tout facile. Ils se tenaient debout comme des piliers compacts, m'empêchant de me frayer un chemin à travers l'ouverture dans la roche qui était mon objectif. Lorsque j'ai tenté de les passer, j'ai été confronté à une forte opposition.

Le Pèlerin s'est emparé de moi. "S'il te plaît, ne tente rien de plus, mon cher Jan, car cela pourrait devenir terriblement fâcheux. Tenez-vous le plus près possible de moi. Lissa saura sentir le danger imminent et me le fera savoir à sa façon." Il adressa encore quelques mots au chef des Xelurers et me fit ensuite signe de l'accompagner aux côtés de cet homme.

"Il nous conduira à Lydia," expliqua mon ami de façon apaisante. "Viens maintenant!" Lissa se pressa contre les jambes de son maître et je pris son bras afin de me coller au Xelurer qui se tenait le plus près de moi et qui contrôlait de façon menaçante chacun de mes mouvements. Une odeur concentrée de sueur et de sorte de graisse aromatique à base de plantes m'encerclaient. Ce n'était certainement pas la zone la plus agréable des Pléiades. J'ai commencé à me demander s'il y avait d'autres endroits encore plus désagréables dans cet immense amas d'étoiles, voir même dans l'Univers tout entier.

Le Pèlerin a lu mes pensées. "Tu appelles ça désagréable, Jan?" me taquinait-il. "J'appellerais plutôt cela de la précaution basée sur l'expérience. Il était une fois une région qui connaissait des difficultés inimaginables. À l'époque, la guerre des étoiles était en plein essor et aujourd'hui, heureusement, elle a pratiquement cessé d'exister dans cet Univers (sur Terre, un film a été réalisé à ce sujet, et on peut le voir au cinéma!). La quasi-totalité de l'espèce a été anéantie, si bien que seuls quelques Xelurers ont échappé à leur quasi extinction en réussissant à se cacher. Cette poignée de survivants a été la racine ancestrale du nouveau peuple qui, tout à fait naturellement, se méfie de tout ce qui lui est étranger de près ou de loin. Nous espérons que cette caractéristique intrinsèquement suspecte sera bientôt dissipée, et qu'elle appartiendra au passé, car elle n'est pas représentative des Pléiades en général."

En contournant les falaises par des routes uniquement connues des habitants, nous sommes finalement arrivés à une zone ouverte, qui semblait faire partie d'un foyer. Lissa a aboyé et s'est précipitée vers Lydia, qui était assise dans un coin de la falaise, entourée de femmes Xéluriennes. Ces dames formaient un mur compact tout autour d'elle, mais elles ont immédiatement fait place au chien bondissant, ce qui a permis à Lissa de sauter sur Lydia et de poser ses pattes sur ses épaules. Lydia paraissait découragée, mais elle s'est illuminée dès que le chien du Pèlerin s'est approché d'elle. Les femmes se sont immédiatement refermées sur Lydia, pour la bloquer à nouveau.

Elles n'y parvinrent cependant pas facilement, car bien avant que nous puissions venir à son secours, Lissa avait révélé son côté agressif, avec sa tête menaçante et ses dents apparentes, en grognant bruyamment en guise d'avertissement.

Le Pèlerin et moi avons ramené Lydia entre nous vers la route du retour. Ils n'étaient manifestement pas habitués aux chiens, car ces guerriers sinistres, qui avaient auparavant agi de manière si menaçante, se sont rapidement retirés à l'arrière-plan.

Nous avons traîné Lydia jusqu'à notre véhicule. Lorsqu'elle s'est finalement effondrée sur son siège, elle s'est penchée en arrière et a poussé un énorme soupir.

"J'ai cru que j'allais y passer," gémissait-elle. "Ils m'ont poussée et tirée comme si j'étais un morceau de pâte à pain que l'on pétrissait. Je croyais vraiment qu'ils allaient me tuer. Leurs visages étaient vraiment horribles. En plus je ne pouvais même pas leur parler. S'il vous plaît, emmenez-nous loin de cet endroit horrible!"

Et sans plus attendre, nous sommes partis.

25. Prochain Arrêt: Andromeda

Lydia s'est redressée pendant le voyage de retour, de sorte que lorsque nous nous sommes finalement arrêtés à l'extérieur de la grotte du Pèlerin sur notre chère Terre Mère, ses larmes ont commencé à couler.

"Que j'ai été bête!" sanglota-t-elle. "Tout ce temps, je savais que tu étais à portée de main et qu'aucun mal ne pouvait m'arriver. Après tout, je suis un ange, bien que là-bas, je me sentais comme une petite fille sans défense qui s'était mise dans le pétrin. Je suis tellement désolée!"

Le Pèlerin a gentiment souri et a mis un chaudron rempli d'eau sur le feu. J'ai serré très fort ma collègue dans mes bras et j'ai éclaté de rire.

"Eh bien, c'est la fin de ce court et doux voyage!" me suis-je lamenté. "Alors, qu'allons-nous faire maintenant?"

"Organiser une réunion," a suggéré notre ami, en préparant des tasses de thé bien chaudes et une assiette de pain. Il y avait aussi du fromage, du beurre et une merveilleuse variété de légumes frais. Avec un appétit gourmand, nous avons dévoré le plat qui nous attendait, car notre corps était encore dans son état physique.

Après avoir fini de manger, nous nous sommes détendus dans les confortables fauteuils du salon assez luxueux du Pèlerin. On pourrait facilement imaginer qu'un Pèlerin puisse éviter tout ce qui est luxueux, mais vous vous trompez sur ce point! Je soupçonnais donc que notre Pèlerin pouvait tout à fait appartenir à la Grande Fraternité Blanche, ce que j'étais bien décidé à vérifier.

"Vous avez une maison magnifique!" J'ai déclaré avec

vigilance. "Avez-vous toujours vécu ici?"

"Non," me répondit-il avec un sourire en coin. "Voulez-vous un biscuit avec votre café, Lydia?" a-t-il demandé avec une certaine réserve. Elle acquiesça avec plaisir et, en un instant, une assiette remplie de délicieux biscuits apparut sur la table. Mais je n'allais pas me laisser abattre, car j'étais d'humeur très têtue.

"Allez-vous nous dire qui vous êtes vraiment, avant que nous continuions notre voyage?" J'ai persisté. "J'ai l'impression que vous êtes un des Maîtres, mais lequel d'entre eux?"

"Peut-être pas celui que vous pensez," me répondit-il de façon énigmatique. "Je divulguerai la réponse à votre question quand le moment sera venu. D'ici là, vous n'aurez qu'à me considérer comme le Pèlerin en personne. D'ailleurs, sachez que je continuerai à vous assister pour le reste de votre voyage, et que notre prochaine destination est la suivante: la Confédération Andromède."

"Non, vraiment?" s'écria Lydia, "On va jusque-là? À Andromède? Est-ce que nous serons autorisés à y entrer?"

"Et pourquoi pas?" J'ai réagi. "Je rêve d'Andromède depuis que je suis tout petit. Rares sont les nuits où je n'ai pas observé les étoiles depuis le banc de la cuisine de l'orphelinat, afin de trouver du réconfort dans cet immense Univers."

"Eh bien, vous serez maintenant en mesure de les voir toutes depuis l'intérieur des planètes elles-mêmes!" a dit le Pèlerin en souriant "Peut-être qu'il sera bientôt révélé que l'intérieur de votre propre planète est habité."

Je l'ai regardé, horrifié. "Vous ne le pensez pas sérieusement? Cela changerait-il l'attitude des terriens?"

"Ce serait bien," commenta Lydia sèchement. "Alors il n'y aurait peut-être pas tant de conflits; ils sont toujours en train de se battre de partout. Si ce n'est pas par la force des armées, alors au moins verbalement."

"Nous verrons ce que vous pensez d'Andromède," répondit le Pèlerin. "Je pense que Jan va probablement changer d'avis."

Et c'est effectivement ce qu'il s'est passé.

J'ai vécu sur Terre jusqu'en 1968, date à laquelle je suis devenu le vieil homme que je suis. Ce qui est arrivé plus tard à ma Terre bien-aimée, je ne l'ai appris qu'à travers les récits des autres. En ce qui me concerne, mes meilleurs souvenirs de la vie sur Terre se rattachent à la flore et à la faune. La possibilité de pouvoir profiter de ces deux éléments dans la Terre intérieure aurait été la dernière chose à laquelle j'aurais pensé avant de visiter Agartha. J'ai alors compris pourquoi les humains sur Terre refusaient avec tant d'obstination de croire qu'il y avait d'autres planètes habitées que la leur. Il était trop difficile d'imaginer une partie de notre Terre habitée et florissante à l'intérieur. Je me suis souvenu que j'avais lu le récit d'Agartha par le Général Byrd et que les gens l'avaient, à l'époque, écarté comme étant l'imagination sauvage d'un vieil homme au cerveau fragile. Y avait-il une chance que toutes mes connaissances et mes preuves parviennent un jour à atteindre la Terre, en dehors de ce livre? Cela restait à voir.

Nous avons fait une petite promenade jusqu'à une magnifique cascade. Je crois que c'est là que j'ai vécu la perception plutôt vague, mais néanmoins authentique, de notre infinité et de l'ampleur de notre mission, me donnant l'impression d'être une petite fourmi qui avait été prise dans un tourbillon, mais dont les ailes fragiles allaient bientôt l'emmener vers la liberté.

On est monté et redescendu. Cette chute d'eau était certainement enchantée, et je me suis imprégné de sa magie. Celle-ci s'était transformée en une nouvelle cascade, différente, et le Pèlerin avait disparu. Lydia et moi nous sommes tenus l'un à l'autre, face à une eau claire et étincelante qui dévalait à toute vitesse. Ou peut-être devrais-je dire, que nous nous tenions l'un l'autre, en raison du sol qui tremblait et qui créait un tel vacarme qu'il était impossible de se faire entendre. Je me suis retourné doucement. Nous étions debout sur une corniche de marbre blanc brillant, dotée d'une rampe dorée. "Lissa a disparu," gémissait Lydia, en séchant une larme sur sa joue.

"Tu la reverras bientôt," l'ai-je consolé. "Le Pèlerin viendra certainement nous chercher quand il sera temps. As-tu oublié que nous sommes ici pour explorer une nouvelle planète? Viens maintenant, ça va être amusant!"

Nous nous sommes pris la main et avons descendu l'escalier de marbre avec précaution. C'était humide et glissant, mais il y avait des balustrades artisanales dorées des deux côtés, tout le long de la descente, auxquelles nous pouvions nous accrocher. Sous nos pieds, des cimes d'arbres vertes et bleues scintillaient. L'escalier était assez long et se courbait doucement vers la gauche.

Nous atteignîmes enfin le sol, qui semblait être recouvert de gravier blanc. De grands pots de fleurs se dressaient en rang en dessous, contenant des plantes aux couleurs chaudes, rouges et mauves. Il y avait quelques bancs blancs pour se reposer, et j'ai découvert que nous étions descendus sur un plateau rond. Autour de celui-ci, il y avait une forêt, semblable à une forêt suédoise. Encore une fois! Nous avons observé notre forêt suédoise sur de nombreuses planètes différentes, ou peut-être était-ce nous qui l'avions apporté avec nous? Le Pèlerin nous avait-il fait une blague et nous avait envoyés dans un endroit isolé aux États-Unis? Peut-être étions nous de retour à la surface! Andromède! Le nom à lui seul était si charmant, je pensais. Nous nous sommes assis sur un des bancs pendant un moment, avant de continuer. J'ai dû réfléchir à la direction que nous allions prendre.

"Oh, ça n'a pas vraiment d'importance, n'est-ce pas?" dit Lydia en gloussant. "Il doit y avoir des gens qui vivent quelque par ici et à qui on peut demander." Elle s'est levée et a passé ses bras sous l'eau qui coulait d'en haut et a continué à rire de plus en plus fort, jusqu'à ce qu'elle finisse par crier. Puis elle a bondi en arrière, toute trempée. J'ai alors fait apparaître une serviette, nous avions appris à faire ce genre de choses il y a déjà longtemps.

Lydia avait à peine fini de se sécher qu'une femme s'est soudain approchée de nous, sans qu'on ait la moindre idée d'où elle venait. Elle était assez grande, avec des cheveux blonds et tressés avec art, de grands yeux violets et une grande bouche. Elle était vêtue d'une tenue rappelant les costumes traditionnels: une longue jupe aux motifs colorés, avec un chemisier blanc recouvert d'un corsage rouge uni, et un joli petit chapeau brodé sur la tête. Je me suis creusé la tête pour trouver une description et je n'ai pu trouver que "robe dirndl", mais ce n'était pas tout à fait juste.

"Bonjour," dit la femme, ou plutôt la jeune fille, sans ménagement. Comme d'habitude, nous avons parfaitement compris ce qu'elle a dit. "Je souhaite vous souhaiter la bienvenue et je suis ici pour m'occuper de vous. Venez avec moi!" Elle a tourné sur ses talons, a traversé une petite ouverture entre les bancs et a tourné la tête. "Je sais que vous vous appelez Jan et Lydia," cria-t-elle. "Je m'appelle Kyranina Lilia, mais vous pouvez m'appeler Kyra. D'abord, je vais vous conduire chez moi."

Elle marchait très vite, ce qui faisait osciller légèrement ses hanches. Ses pieds touchaient à peine le sol, nous avions donc du mal à la suivre. Puis, tout d'un coup, elle s'est arrêtée.

Nous avons réalisé que nous étions dans une forêt. C'était une forêt tout à fait ordinaire, comme toutes les autres. On avait atteint une petite ouverture au milieu des arbres, où se tenait un chariot. Il n'y avait pas de roues, juste quelque chose qui ressemblait un peu aux patins d'un traîneau. Il y avait quatre sièges à l'intérieur. Nous avons sauté dedans. À l'avant, il y avait un tableau de bord, sur lequel la fille a appuyé. La voiture démarra immédiatement, et était bien plus silencieuse que nos anciens moyens de transport sur les autres planètes. Un sentier bien entretenu se dessinait devant nous, avec la forêt d'un côté et une rivière de l'autre dans laquelle la chute d'eau se déversait probablement.

"Il n'y a pas de villes ici. Je pense qu'elles sont propres à la Terre, où les gens semblent vivre comme dans une fourmilière. Nous trouvons cela affreux. Nous sommes tous très individuels ici, même si nous faisons tous partie d'une conscience supérieure. Notre culture nous l'inculque, que ce soit par le chant, la danse, le jeu, l'écriture, la peinture, etc. J'ai entendu dire que votre culture fait tristement défaut, et c'est pourquoi vous êtes ici? Pour en apprendre davantage sur nous, est-ce exact?

J'ai juste hoché la tête. Cette conversation, si on peut l'appeler ainsi, n'était pas à mon goût, mais c'est alors que Lydia a interrompu notre jeune pipelette: "Vous avez dit que vous, en tant qu'individu, faites partie d'une conscience supérieure. Qu'entendez-vous exactement par là?"

"Il faudra que tu en parles à papa ou à maman, je dois filer à la piscine avec mon petit frère dès que j'arrive à la maison, et nous y serons dans un instant."

La voiture s'est arrêtée devant une grande porte très décorée. Nous sommes sortis pendant que Kyra bricolait sur le tableau de bord, le réglant pour qu'il revienne automatiquement d'où il était venu. Nous avons ouvert la porte et sommes entrés au milieu d'un très beau jardin, bien que ce fût loin d'être le premier beau jardin que je voyais dans tous les endroits que nous avions rencontrés auparavant. Je pensais surtout aux jardins en terrasses suspendus sur Sirius. Il n'y a certainement rien de plus étonnamment beau qui puisse exister en matière de jardins. Bien qu'après être allé un peu plus loin, je me suis mis à me poser la question!

Je regrette de ne pas connaître les noms de toutes les fleurs qui poussaient en abondance le long du chemin de gravier blanc. Elles produisaient un éclat de couleur incomparable, ce qui nous a poussé, Lydia et moi, à nous arrêter. Nous étions totalement enchantés par cette merveilleuse beauté fleurie. Kyra se retourna avec un regard d'impatience, alors je tirai sur la manche de Lydia pour la faire avancer.

"Tu en verras d'autres plus tard," murmurai-je. "La jeune fille semble ennuyée que nous nous attardions."

Nous étions arrivés à la grande porte, encadrée par de belles vignes très parfumées. Un homme l'a ouverte, et nous avons aperçu une femme se tenant derrière lui. Après nous avoir fait signe à la hâte, Kyra s'est faufilée à l'intérieur et a disparu.

L'homme et la femme ressemblaient à des humains, mais ce n'était pas une grande surprise, car le Pèlerin nous avait déjà dit que l'Androméda était principalement habitée par des humains, à l'exception de quelques étoiles annexes plus petites.

Le couple ne s'est pas contenté de nous serrer la main, mais nous a embrassés tous les deux très chaleureusement. Il m'est apparu de plus en plus évident que la majorité des habitants des planètes de la Voie lactée étaient des gens extrêmement gentils et accueillants.

Je ne pouvais pas résister à l'envie de faire quelques pas

en arrière pour voir dans quoi la porte avait été installée. La maison était blanche, faite d'une sorte de pierre ou de béton semi-transparent, et ressemblait à peu près à une maison ordinaire sur Terre: c'est-à-dire avec quatre murs, un toit rouge éclatant et une véranda ornée de fleurs qui faisait face à un jardin paradisiaque et magnifiquement entretenu. Ce couple au sourire éclatant nous a réellement fait nous sentir les bienvenus, et totalement chez nous.

Notre hôtesse s'appelait Zoa et était une version exacte et plus âgée de sa fille. Notre hote s'appelait Ranira et ressemblait à un prince égyptien. Zoa portait un "costume national" similaire à celui de sa fille; Ranira portait une chemise blanche à volants et un pantalon foncé et moulant à franges. Toutes deux portaient des chaussures qui ressemblaient à des sabots, mais plus plats et définitivement pas en bois. Ces dernières étaient décorées d'un motif floral et semblaient extrêmement confortables.

"Chaque fois que nous arrivons sur une nouvelle planète, nous sommes toujours accueillis de façon très chaleureuse par des couples comme le vôtre", ai-je déclaré avec joie.

"C'est parce que nous avons un système de communication entre les planètes très bien organisé," a répondu Ranira. "Nous savons précisément qui nous devons recevoir et les raisons de leur visite. Sur Terre, il semblerait qu'il soit possible pour n'importe quel Tom, Dick ou Harry de passer et de rendre visite à n'importe qui à n'importe quel moment, faisant des demandes et causant toutes sortes de problèmes. Cependant, si chacun conversait régulièrement dans les mondes de l'espace, toutes les personnes concernées sauraient qui sont les visiteurs et quel est le but de leur séjour. Sur notre planète, nous avons un système similaire au vôtre, mais ce dont j'ai parlé précédemment concerne les invités interplanétaires. Androméda est une planète extrêmement calme, et les perturbations y sont très rares. Les humains de la Terre ne sont pas encore en mesure de voyager à travers le Cosmos, mais ce moment viendra dans le futur. Vos recherches sont sur la bonne voie pour perfectionner le voyage galactique. Toutefois, avant d'y parvenir, les êtres humains sur Terre doivent être disciplinés et correctement élevés!"

"Pensez au peu de choses que nous avons connues sur Terre," soupire-je.

"Et ils n'ont pas progressé depuis que nous l'avons quittée," a ajouté Lydia. "Ils n'aiment certainement pas se précipiter là-bas!"

Tout le monde a ri et nous avons suivi nos hôtes dans leur maison. Il n'y avait pas besoin de faire beaucoup de ménage. Il y avait très peu de bibelots, et ni horloges ni lampes.

"Facile à entretenir," était le commentaire laconique de Lydia.

Zoa se mit à rire. "Je sais comment c'est sur Terre," dit-elle. "Vous remplissez vos maisons de possessions. Certaines maisons sont comme ça ici aussi, mais je ne veux pas vivre de cette façon. Nous disposons de suffisamment de biens pour nos besoins, et si nous avons besoin de quelque chose de plus, nous le créons tout simplement."

J'ai regardé mes pieds. Je portais des sandales et le sol était agréablement moelleux. Il était recouvert de jolis tapis de diverses couleurs. Il n'y avait pas de rideaux. Les fenêtres étaient dégagées et donnaient l'impression que les pièces étaient plus grandes. Elles permettaient de profiter pleinement du jardin luxuriant qui se trouvait à l'extérieur. De plus, les cadres de fenêtres et les meneaux étaient magnifiquement sculptés et ornés. Les plantes étaient omniprésentes, même à l'intérieur de la maison. Lydia n'avait pas manqué de le remarquer non plus. Il y avait tout de même quelques sièges, recouverts de tissus légers assortis aux murs. Nous n'avons pas vu de tableaux ni d'étagères, mais un des murs du salon était comme un écran sur lequel on pouvait projeter des films. On y voyait constamment des images aux couleurs neutres, la plupart du temps des plantes, des parcs ou d'autres motifs représentant la nature ou les animaux. Un chien, un chat et un autre animal de compagnie, plus petit et difficile à reconnaître, étaient sur le canapé et nous observaient. Lydia, bien sûr, s'est précipitée pour les caresser et s'en occuper. Cependant, ils n'ont pas réagi à ses caresses et sont partis.

Il n'y avait pas de cuisine. Tout ce que l'on désirait pouvait être "invoqué". Nous nous sommes assis à une table avec nos hôtes et ils nous ont alors dit: "Mangez ou buvez ce que vous voulez, vous n'avez qu'à dire ce que vous aimez." Comme nous avions encore notre corps physique, nous avions plutôt faim, mais je n'ai jamais été très bon cuisinier et j'avais du mal à réfléchir à ce que nous devions demander. Lydia a tout de suite compris mon problème et, heureusement, est venue à mon secours en commandant deux délicieuses tartes aux légumes qui sont apparues immédiatement devant nous. Elle a ensuite ajouté du pain, du beurre, du fromage et du café, qui se sont également révélés sur la table. Quel endroit agréable à vivre!

26. Les Expériences à Andromeda

Nous avons mangé et papoté comme bon nous semblait, puis nos hôtes nous ont proposé de nous montrer les environs. On nous a fait comprendre que nous voyagerions dans une sorte de véhicule, et Zoa est allée en chercher un semblable à celui utilisé par sa fille pour nous transporter. C'était peut-être le même. Elle nous a ensuite répété ce que Kyra nous avait déjà dit, c'est-à-dire qu'il n'y avait pas beaucoup d'habitants, ni de villes ou de villages, mais que tout était très individuel et distinct. Il n'y a pas non plus de magasins, car les services qu'ils proposent sont devenus obsolètes. Il y avait cependant des chemins de promenade, que nous suivions en permanence. Ces chemins étaient incroyablement bien entretenus et les bordures étaient de véritables œuvres d'art. Il y avait des fleurs et des clôtures. Nous passions fréquemment sur des ponts qui traversaient des ruisseaux ou des rivières, et le climat était agréable et chaud. Le soleil n'était pas impitoyablement brûlant, mais il brillait gentiment.

"Sommes-nous à l'extérieur de la planète ou à l'intérieur?" me suis-je demandé.

"À l'intérieur, bien sûr," répondit Ranira. "L'extérieur est inhabitable, tout comme celui de la Terre le sera prochainement. Vous avez détruit votre Terre, et cela ne tardera pas à se manifester. L'intérieur des planètes d'Andromède était en fait déjà habité il y a plusieurs milliers d'années. En fait, toutes les planètes habitées de notre Univers ont une population située à l'intérieur. L'extérieur est trop perturbé et vulnérable. Nous savions que la Terre faisait une grave erreur en colonisant l'extérieur, mais les Terriens ne voulaient pas écouter. Ils étaient têtus et ignorants. Ils doivent maintenant en payer le prix. A présent, Agartha a pour mission d'aider à donner un sens à votre monde."

"Je ne savais pas cela!" Je me suis exclamé.

"Votre fille a mentionné que vous étiez tous des individus faisant partie d'une conscience supérieure," a interrompu Lydia. "Pourriez-vous m'expliquer ce que cela implique? Est-ce votre religion?"

"Nous ne mentionnons jamais ce mot," rétorqua Ranira avec insistance. "Ce mot divise les gens et provoque des clivages, des schismes, et même des guerres. Nos enfants ne l'ont jamais entendu, et il est donc interdit de l'utiliser. Nous sommes conscients de la situation sur Terre à ce sujet, même si le Maître Jésus y a été envoyé pour modifier cette notion. Il a malheureusement seulement réussi à fonder quelque chose qui s'est transformé en une autre religion, avec ses conséquences horribles. Il est ici considéré comme l'un des Maîtres bienveillants qui nous guident partout, afin que le Langage de l'Amour puisse y régner. C'est la seule langue commune que nous partageons tous, à quelques différences de dialecte près. Nous sommes maintenant sur le point de débarquer."

Le véhicule s'est doucement arrêté et nous avons fait face à un bâtiment extrêmement haut, comme un gratte-ciel, mais plus large que la normale. Lydia a compté onze étages, nous a-t-elle dit plus tard, ce qui ne semble probablement pas si haut pour les Terriens. En fait, ce n'était pas du tout comme un gratte-ciel classique. Celui-ci était construit avec le même matériau translucide et scintillant que la maison de nos hôtes. J'étais sur le point de demander ce que c'était, quand Ranira a anticipé ma question.

"Si vous vous demandez quel matériau de construction nous utilisons," a-t-il déclaré en souriant, "vous ne trouverez rien de semblable sur Terre, car il est unique à Andromède. Cependant, nous l'avons expédié sur d'autres planètes - par exemple, Sirius. C'est un matériau remarquable dans la mesure où les plantes le sollicitent. Il est extrêmement facile à produire, c'est pourquoi vous voyez une telle prolifération de plantes en fleur sur cette planète. On peut trouver ce matériau partout. C'est une sorte de roche-composite permettant la croissance optimale des végétaux. C'est pour cette raison que nous n'avons pas de mauvaises herbes ici - elles s'éloignent de ce matériau exceptionnel. Cette planète d'Andromède est parfois appelée la Planète des Fleurs - vous comprenez maintenant pourquoi. Nous allons entrer dans notre Salle de Réunion, venez!"

Ranira et sa femme se sont précipités sur les marches abruptes qui menaient à l'entrée du gratte-ciel. Une fois à l'intérieur, nous sommes montés dans un ascenseur, constitué d'une plate-forme circulaire avec un poteau au milieu pour s'y accrocher. Lorsque nous sommes arrivés au sommet, nous avons d'abord été très surpris, car nous pensions être suspendus en l'air. Heureusement, nous avons vite découvert que nous étions debout et que nous nous promenions sur une espèce de ballon de verre, depuis lequel la vue panoramique était la plus merveilleuse qui soit. Nos hôtes ont ri de bon cœur en voyant notre inquiétude injustifiée.

La vue était difficile à décrire, mais d'une beauté étonnante. On aurait pu s'attendre à voir une ville en contrebas, mais il n'y avait que quelques petites maisons, entourées de beaux jardins, parsemées ici et là, au milieu de la campagne. Au loin se trouvait un lac relativement grand, dont les vagues ondulaient et scintillaient. Des bateaux y naviguaient. De si loin, ils semblaient tout à fait ordinaires, à l'exception de leurs voiles, qui étaient bizarrement positionnées, et dont les couleurs étaient fouillis.

Puis nous sommes redescendus avec nos hôtes via un petit escalier en colimaçon qui conduisait à l'étage situé sous la terrasse vitrée réservée aux spectateurs. Nous sommes alors entrés dans une grande salle avec une scène à l'arrière. Sans ce décor un peu particulier, cette salle aurait très bien pu être un théâtre en Suède.

"C'est une des salles de conférence," a expliqué Zoa. "Il y en a plusieurs, grandes et petites. Nous prenons ensemble les décisions concernant la plupart des domaines, et il y a différents clans qui mettent à profit leurs compétences spécifiques sur des sujets tels que la culture, l'architecture, l'aménagement des routes, des hôpitaux, etc."

"Des hôpitaux!" s'est exclamée Lydia. "Ça existe sur cette planète? Je croyais que vous n'aviez que des guérisseurs ici."

"Naturellement, nous devons avoir un endroit où placer les malades qui ont besoin d'un traitement, quelle qu'en soit la forme. Parfois, plusieurs traitements peuvent être nécessaires. Le système dont nous disposons est considéré comme le plus performant. Les maladies graves comme le cancer n'existent plus ici. Nous avons réussi à trouver des remèdes et à tous les éliminer."

"Qu'en est-il des institutions scolaires: les écoles?" Je me suis renseigné.

Ranira a répondu en rigolant légèrement. "Mais bien sûr, nous avons des écoles pour éduquer les jeunes. Tous les enfants apprennent à lire, à écrire et bien d'autres choses encore. Nous avons des écoles partout sur notre planète. Personne n'est censé avoir à se déplacer très loin pour s'y rendre. Des moyens de transport spéciaux sont prévus pour aller chercher et déposer les élèves selon les nécessités. Les classes sont de taille réduite, avec un maximum de dix enfants par classe; ils apprennent tellement mieux. Vous ne verrez pas de livres, car ils sont créés de lorsque cela est nécessaire. Il y en a sur tous les sujets, dont beaucoup sont identiques à ceux de la Terre, et d'autres nous sont propres. Nous avons aussi des ordinateurs, qui sont différents des vôtres et qui sont extrêmement simples à utiliser."

"Mais pensez-vous qu'il soit toujours positif que tout soit si facilement accessible aux enfants?" a demandé Lydia. "Cela ne les rend pas paresseux?"

Une fois de plus, Ranira a répondu en riant. "Bien au contraire." Il regarda attentivement sa femme. "Demande à Zoa, elle est enseignante!"

"L'éducation est beaucoup plus stricte que vous ne l'imaginez", a précisé Zoa en souriant. "Si vous pensez que nous sommes laxistes dans nos méthodes, vous vous trompez. Nous maintenons une autorité saine sur nos enfants, mais jusqu'à présent, vous n'en avez pas rencontré beaucoup. Nous appliquons quelque chose que vous utilisez rarement, quelque chose que nos enfants ici ont en abondance dès leur naissance - à savoir l'Amour. La forme de punition la plus sévère dont nous disposons consiste à discuter avec un enfant, afin de lui faire comprendre sa bêtise. Si cela ne s'avère pas efficace, nous avons d'autres méthodes, mais toujours appliquées avec Amour."

"Peut-être en étant mis au travail?" a été ma suggestion.

Zoa avait l'air très perplexe. "Mais le travail n'est pas une punition, pas vrai? Tout travail ici est un travail d'Amour. Si une tâche est présentée comme intéressante et amusante, alors c'est précisément comme ça qu'elle sera. L'idée est d'effacer tout ce qui est négatif. C'est le principe de base que la plupart des planètes - et en particulier Andromède et

Sirius. La Terre a choisi le mauvais point de vue: L'obscurité de la nuit cache la lumière de l'Amour. Peut-être devrions-nous passer à autre chose, ne pensez-vous pas? Vous n'avez qu'un temps très limité ici, m'informe mon mari. Même si nous considérons le temps comme assez flexible, les seules périodes que nous utilisons sont le jour, la nuit, et quand nos estomacs crient!"

"Et les animaux?" interrogea notre Lydia, qui adore les animaux. "Je n'ai vu aucun chien, chat ou cheval dans les environs."

"Alors vous n'avez pas bien regardé." Zoa a ri de bon coeur. "Bien sûr que nous avons des animaux de compagnie. Il y a même des animaux sauvages dans les bois et la mer. Les animaux sauvages ne représentent pas une menace, puisque nous les laissons en paix. Les animaux apprivoisés peuvent être trouvés partout, comme animaux de compagnie ou en tant qu'aide. Nous ne les tuons pas pour leur peau ou leur chair, si c'est ce que vous voulez dire. Nous laissons la nature prendre soin d'elle-même sans interférence de notre part. De nombreux endroits sur cette planète ressemblent à de grands zoos! Cependant, nous n'appliquons que des méthodes qui ne nuiront pas aux animaux lorsque nous souhaitons les adapter à un environnement naturel différent. Tout le monde ici détient des animaux. Nous utilisons des chevaux pour monter et tirer des calèches légères. Cela permet de réduire l'usure des routes, tout comme ces véhicules, nos "voitures", qui fonctionnent à l'Énergie du Point Zéro, si vous savez ce que c'est."

Bien sûr, nous savons ce que c'est fait. Cette merveilleuse forme d'énergie libre existe dans tout l'Univers - à part la Terre.

"Mais vous l'aurez bientôt," a assuré Ranira. "Les recherches y sont avidement menées, mais elles sont aussi étouffées. Tous les Terriens exigent des preuves. Nous ne sommes pas comme ça. À la place, nous prenons des raccourcis, et c'est ce que nous avons fait avec succès jusqu'à présent. Nous allons maintenant quitter la Salle de Réunion pour nous consacrer à autre chose."

Le véhicule qui nous avait transportés à cette salle n'était pas à l'extérieur. À la place, il y avait une calèche, une sorte d'ancien modèle de voiture à cheval Landau, mais avec des lignes plus élancées. Les chevaux y étaient attachés. En nous rapprochant de plus près, on pouvait voir que leurs oreilles étaient plus longues, la crinière et la queue aussi. Ils avaient des pattes longues, fines et élancées. Lydia avait déjà passé ses bras autour du cou de l'un d'eux, en le caressant. Cependant, le cheval n'était que modérément enchanté et jeta sa tête en arrière avec un hennissement qui ressemblait à celui du cheval classique.

"Attention, Lydia!" lança Ranira. "Nos chevaux ne sont pas habitués aux étrangers. Je sais combien tu aimes les animaux, mais là c'est un peu trop."

Il parvint à peine à terminer cette phrase que Lydia reçut un coup de pied brutal, la jetant de l'autre côté de la route, où elle atterrissa dans un buisson fleuri. Ranira et moi nous sommes précipités à son secours. Nous la retrouvions boiteuse et tristement en loques. C'était un souvenir qui allait sans aucun doute la marquer.

À part ça, le voyage en calèche s'est bien passé. Lydia boudait un peu mais fut bientôt distraite par la beauté du paysage. Elle avait l'étrange impression que les sabots des chevaux ne touchaient pas le sol, mais cela n'était guère possible. Nous nous sommes arrêtés à un endroit couvert d'herbe, pour que les chevaux puissent paître. Il y avait là un bâtiment transparent d'où jaillissait une merveilleuse sonorité.

"C'est notre Temple de la Musique," annonça Ranira. "Nous venons ici chaque fois que nous avons envie d'un divertissement musical - ce qui nous arrive souvent. La musique purifie l'esprit, rend joyeux et réchauffe le cœur. Entrez donc!"

C'est ce que nous avons fait. Nos jambes suivaient involontairement le rythme de la musique qui se répandait dans l'air, et cela ne ressemblait en rien à la musique moderne sur Terre. Elles étaient de joyeuses mélodies et elles donnaient envie de danser et de chanter. Il y avait une piste de danse pour ceux qui voulaient danser, avec des tables et des chaises en périphérie pour les autres qui voulaient juste s'asseoir et profiter du moment. J'ai fait monter Lydia sur la piste de danse et nous avons improvisé en accord avec la musique. Ce fut l'un des moments les plus merveilleux et mémorables nos voyages à travers les planètes. L'endroit était grand et spacieux, fait d'une sorte de verre pour qu'on puisse voir à travers. À l'extérieur, il y avait des plantes qui poussaient en hauteur et des fleurs d'une couleur exceptionnelle contre les vitres. On aurait dit qu'on était à la fois à l'intérieur et à l'extérieur en même temps.

Lorsque nous avons quitté le Temple de la Musique, nous étions aux anges. J'ai envoyé quelques pensées pleines de joie aux Maîtres qui nous avaient envoyés ici. Andromède était la meilleure de toutes. La cerise sur le gâteau était la danse; rien ne pouvait dépasser une telle joie. Nous avons ensuite grimpé dans la calèche, en fredonnant le dernier air joué.

Nous avions tous les deux souhaité de tout cœur pouvoir rester dans ce lieu merveilleux. La musique était encore audible, mais malheureusement nous n'étions que de passage et Ranira cria que nous devions continuer notre voyage. Les chevaux étaient restés dehors et nous jetaient des regards méfiants. Ils nous regardaient comme des étrangers alors que nous nous approchions, et pleurnichaient d'impatience et grattant leurs sabots. Lorsque nous avons regardé autour de nous, nous avons remarqué d'autres chevaux et un certain nombre de voitures garées autour du Temple de la Musique. On pouvait aussi voir de gentils petits chiens allongés dans certaines des voitures. Ils faisaient la sieste et attendaient patiemment leurs maîtres. Je me suis alors décidé à instaurer un Temple de la Musique dans nos royaumes célestes. Ce serait sans doute très apprécié.

Nous avons ensuite traversé une campagne d'une beauté époustouflante. Nous avons commencé à apercevoir de l'eau entre les arbres. Puis nous en voyons de plus en plus.

"Y a-t-il a des dragons ici aussi?" se demandait Lydia.

"Ici, tu peux voir une de nos mers," répondit Zoa. "Et oui, nous avons sûrement des dragons-lézards ici; de grandes bêtes qui peuvent voler. Ils sont gentils, tant qu'on ne leur fait pas de mal. Ils vivent seuls, dans ce qu'on appelle localement des villages de dragons vers les montagnes. Les dragons ont tendance à vivre dans des cavités, où il y a beaucoup de nourriture à proximité. On y trouve une grande variété d'espèces de cerfs. Cependant, les dragons ne chassent pas pour tuer, mais uniquement pour manger et survivre. Nous sommes sur le point d'aller dans les montagnes pour visiter la Demeure de la Sagesse, où vivent les hommes et les femmes les plus sages de la planète, gardés par les dragons."

"Super! J'en suis très heureux," ai-je répondu. "On n'a jamais trop de sagesse. Ce sont eux qui gouvernent Andromède?"

"Je dois répondre à cette question à la fois par "oui" et par "non", a répondu Ranira de manière ambiguë. "En réalité, nous gouvernons tous ici! Personne n'est considéré comme meilleur qu'un autre. Nous avons de nombreuses ethnies

différentes, qui vivent toutes en paix et en bonne harmonie.
Vous verrez."

27. Maisons de Guérison

Nous étions en voyage depuis un certain temps quand j'ai soudain remarqué qu'il n'y avait plus de lumière; le soleil avait cessé de briller et toutes les couleurs de la campagne étaient devenues ternes. Quelqu'un est venu au galop sur un cheval, en s'arrêtant à côté de nous. Ranira arrêta nos chevaux, comme nous le faisons sur Terre, mais je n'ai pas compris les mots qu'il leur criait. Le cavalier était leur fille, Kyra, et devant elle, un enfant qui s'est avéré être son petit frère. Zoa s'est précipitée hors du carrosse et a pris le garçon dans ses bras. Il était apparemment tombé et s'était blessé, de sorte qu'une de ses jambes saignait abondamment. Ranira donna des ordres aux chevaux, et ils firent demi-tour, changeant de cap et prenant un chemin plus étroit à travers les bois. La visite de la Sagesse allait devoir être reportée.

"Je les ai entendus parler d'un hôpital," chuchota Lydia à mon oreille. Alors, après tout, nous allons voir à quoi ressemble un hôpital par ici, me suis-je dit. Les chevaux trottaient à vive allure nous laissant à peine le temps d'apercevoir ce qui se trouvait à l'intérieur des bois. Il est vrai que le crépuscule tombait déjà, mais il y avait des chuchotements et des mouvements tout autour. Il y avait sans doute des fées et d'autres êtres célestes, car j'ai entrevu quelques petites personnes qui couraient ici et là sur les chemins, en évitant les chevaux qui se déplaçaient rapidement. J'ai vu des voiles onduler, se déployer doucement parmi les arbres et des êtres de lumière, se balançant d'avant en arrière.

"Les habitants de la forêt ont tendance à être un peu

anxieux lorsque nous traversons à toute allure," expliqua Ranira. "Ils sont habitués aux gens, mais pas quand ils se précipitent comme ça. L'agitation est anormale pour eux, mais c'est maintenant inévitable. Notre petit garçon a très mal à la jambe; il s'est évanoui et doit être soigné rapidement par un guérisseur. Nous y sommes presque maintenant."

Il n'y avait pas une seule maison dans les environs. Les chevaux s'étaient stoppés sur une colline couverte de mousse, haletant et hennissant. Nous étions juste au-delà de la lisière du bois et nous pouvions voir trois grandes collines couvertes de mousse qui s'élevaient sur un sol herbeux et parsemé de fleurs. Il y avait de grandes plaques de mousse sur toute la zone, et quelques tables et chaises disposées, comme dans un café. Zoa a sauté de la calèche, tenant le petit garçon dans ses bras, et j'ai alors remarqué qu'il y avait des portes dans chaque colline. Elle a rapidement disparu par l'une de ces portes, qui était elle aussi complètement recouverte de mousse. Ranira nous a fait signe de le suivre, alors nous nous sommes précipités dans la même direction. Nous sommes restés absolument immobiles, stupéfaits. Il ne faisait aucun doute que nous étions à l'intérieur d'un hôpital! Il y avait des lits répartis dans toute la pièce, qui sentait un peu la terre, et des gens portant des vêtements verts se déplaçaient dans toutes les directions. Probablement des médecins et des infirmières, me suis-je dit. Ranira était déjà installé à côté d'un lit sur lequel son enfant était couché, tandis que plusieurs personnes vêtues de vert encerclaient le petit patient.

"Il ira bientôt mieux," a déclaré Ranira. "On fait des soins instantanés ici, donc nous pourrons l'emmener avec nous dans peu de temps. Vous avez donc vu l'un de nos hôpitaux, bien que nous les appelions des Maisons de Guérison."

Il s'est rapidement penché sur sa femme, qui était en train de soulever le garçon du lit. Le cher petit bonhomme dormait encore. Je n'ai vu ni pansements ni bandages sur sa jambe; elle avait l'air parfaitement normale. Zoa semblait remercier les personnes habillées en vert et nous a immédiatement fait signe de la suivre. Ranira est resté à l'intérieur pendant un court instant. Nous nous sommes tous deux sentis perplexes et troublés lorsque nous sommes remontés dans la calèche. Quelques minutes plus tard, Ranira a sauté sur son siège de conducteur. Les chevaux sont repartis de la même façon que nous étions venus.

"Vous n'avez pas le droit de voir comment la guérison est effectuée," a expliqué Ranira, tandis que les majestueux animaux trottaient allègrement le long de la route bien entretenue. "Nous avons donc caché vos yeux pendant quelques minutes, je comprends donc si vous vous êtes sentie un peu bizarre. La procédure normale en cas d'accident est qu'il soit traité et guéri extrêmement rapidement - vous ne verrez plus de blessures ni de cicatrices sur la jambe de notre fils. Ces Maisons de Guérison se trouvent à différents endroits sur la planète. Elles sont souvent situées à l'intérieur de monticules de terre, car il est très bénéfique d'être près de la Terre Mère lorsqu'il y a eu un accident; la terre a un pouvoir de guérison. Je ne pense pas que cela ait encore été découvert sur la planète Terre!"

Je me suis abstenu de le corriger. Peut importe ou nous allions, les gens pensaient que nous étions des êtres humains en chair et en os. Après tout, c'était notre apparence, alors je me suis contenté de hocher la tête. Nous étions alors revenus sur la grande route et nous avions continué dans la direction que nous avions prise auparavant. Ce fût en revanche bref, car nous avons aussitôt tourné à gauche, sur un chemin plus étroit. Nous étions sur une pente ascendante - pas très raide, mais tout de même soutenue. Puis nous nous sommes momentanément arrêtés, pendant que Ranira nous attachait avec des ceintures de sécurité, nous tenant fermement à la fois verticalement et horizontalement. J'ai compris que nous devions être en route vers la Demeure de la Sagesse. J'ai rencontré tellement de personnes extrêmement sages à mon époque que je ne pouvais pas m'empêcher de me demander si ces personnes, que nous aurions bientôt le plaisir de rencontrer, pouvaient vraiment être plus sages que toutes les autres. Après tout, tout finit par culminer dans l'Amour, dans l'unité, dans la croyance en la puissance du Dieu unique. Que pourrait-il y avoir de plus?

J'allais bientôt le découvrir.

Le paysage a ensuite changé de façon spectaculaire. La douce et luxuriante beauté avait disparu et avait été remplacée par des rochers gris et escarpés avec des passages étroits qui les traversaient et les entouraient. La scène rappelait les routes escarpées du sud de l'Europe qui montent en spirale dans les hautes montagnes. Je dois avouer que je trouvais ce voyage plus qu'intimidant, et j'ai conseillé à Lydia de ne pas regarder les points les plus abrupts. Les chevaux avaient été choisis pour nous y conduire, car ils étaient de toute évidence habitués à ce paysage plutôt raide. Ils trottinaient avec assurance et régularité, se tenant fermement près de la falaise, et malgré l'inclinaison assez forte de la pente, le sol semblait assez lisse et régulier. Le soleil s'était couché et un brouillard humide nous enveloppait. Aussi brutalement que nous avions été secoués par la pente sinueuse, le paysage tout autour de nous changea à nouveau.

Nous nous sommes retrouvés sur une route droite et dégagée. La végétation verte et luxuriante, autrefois perdue, est réapparue dans toute sa splendeur devant nos yeux incrédules. Nous étions assez haut sur la montagne et tout avait l'air complètement différent. Des arbres verts aux magnifiques feuilles nous caressaient en passant, de telle sorte que nous pouvions les attraper. Le sol dégageait des arômes merveilleux et nous pouvions entendre le chant envoûtant des oiseaux. L'eau scintillait parmi les arbres, ce qui était tout à fait inhabituel vu notre altitude. Des prairies vert émeraude s'ouvrirent bientôt de chaque côté de notre calèche et nous perdîmes complètement de vue les derniers environs qui étaient d'un gris lugubre et austère.

Nous étions finalement arrivés et nous étions stupéfaits. La route traversait un parc minutieusement entretenu, où les plantes se chevauchaient, chacune avec splendeur. Mais comment cela pouvait-il être ainsi? Je n'avais pas eu le temps de penser à cela car notre carrosse s'était déjà arrêté devant un manoir d'une blancheur éclatante. Il était au milieu de la campagne au sommet de la montagne et ressemblait à un château. J'en suis venu à penser au peuple Hunza, que la plupart des autres peuples de la Terre ignorent totalement. Ils vivent dans les hauteurs de l'Himalaya. L'existence du peuple Hunza était inconnue sur Terre jusqu'au début du XXe siècle, tout aussi inconnue qu'Agartha l'a été jusqu'à présent. J'avais toujours envisagé l'environnement des Hunza de cette manière. Cette population vit jusqu'à environ 150 ans et les femmes continuent à avoir des enfants jusqu'à leurs 70 ou 80 ans. J'ai toujours été étonné qu'une pareille communauté existe vraiment sur Terre, et j'étais là, mettant le pied dans un endroit similaire, sur une autre planète.

Seulement, j'ai vite découvert qu'elle était beaucoup moins terrestre qu'elle n'en avait l'air.

28. La Demeure de la Sagesse

Je n'ai pas l'intention de tenter de décrire cette demeure, car il est tout simplement techniquement impossible de le faire. Je laisse à l'imagination du lecteur le soin de visualiser une image d'une beauté inégalée. Cétait d'une beauté inouïe et subtile, de sorte que nous avons à peine osé entrer lorsque l'éclatante porte s'est ouverte devant nous. Mais nous l'avons fait.

Comme Ranira marchait devant nous d'un pas ferme et déterminé, nous avons simplement suivi ses traces de près. Zoa avait délicatement installé son enfant endormi sur des coussins moelleux à l'intérieur du carrosse et quelqu'un, qui était apparemment sorti de la maison, est arrivé pour veiller sur le petit garçon. Zoa s'est empressée de nous rattraper et a ensuite passé son bras sous celui de Lydia, sans doute pour lui donner du courage et du soutien. Mon amie ange pétrifiée avait caché son visage dans ses mains et n'avait pas osé lever les yeux jusqu'à ce que Zoa se dirige vers elle.

J'ai été soulagé de constater que ce n'était pas aussi glissant que je le pensais lorsque j'avais vu la brillance des sols à l'intérieur. Nous étions en train de monter un large escalier et c'était comme marcher sur des nuages (ce que nous faisions peut-être aussi!). Un portail doré situé au-dessus de l'escalier s'est ouvert et, selon notre amie Ranira, la plus sage des personnes de nombreuses planètes, pas seulement d'Andromède, était assise à l'intérieur.

Ils étaient assis en demi-cercle et la pièce était extrêmement lumineuse, comme si elle était éclairée. Il y avait onze personnes: cinq femmes et cinq hommes, mais je n'ai pas pu définir si la onzième était un homme ou une femme à cause d'une puissante aura aveuglante de lumière entourant la scène. Non loin de là, il y avait un autre demi-cercle avec des coussins moelleux, qui nous ont été présentés. En signe de révérence, nous nous sommes inclinés profondément, puis nous nous sommes assis devant les onze Maîtres.

En regardant vers le haut, nous pouvions voir un ciel étoilé qui semblait incroyablement proche, de sorte que l'on pouvait presque le toucher. Bien sûr, ce n'était qu'une illusion. Une musique douce devenait audible et une belle odeur se répandait dans toute la pièce. Les Onze étaient vêtus de longues capes ou de manteaux aux couleurs pâles et à paillettes. Soudain, un grand verre de cristal apparut devant chacun d'entre nous. Le onzième, qui était assis au milieu, entre les autres, fit signe aux dix autres de lever leur verre pour porter un toast à notre égard. Nous avons respectueusement levé nos verres en réponse, et au milieu de cet acte solennel, je ne pouvais m'empêcher de penser "Cul sec!" Je suis comme ça; incorrigible! Dès que quelque chose est austèrement cérémonieux, des bêtises me viennent toujours à l'esprit. J'ai regardé Lydia, sachant qu'elle était pareille. Mais je me suis dit que je n'aimerais pas rester ici, car tout cela semble trop beau pour être vrai, et semblait être une illusion. J'espérais sincèrement qu'ils ne lisaient pas mes pensées à ce moment-là.

Les Maîtres ont alors commencé à parler. Je ne sais pas lequel d'entre eux c'était, mais on aurait dit qu'une voix masculine sortait de nulle part, distinctement et fort.

"Bienvenue, frères et sœurs des sphères Terrestres! Nous vous attendions! Nous savons que vous venez de la part des Anges, mais que vous êtes aussi les représentants de la Terre et c'est pourquoi nous nous tournons vers cette section de notre Voie lactée bien-aimée.

"Le plus grand défi jamais posé à la Terre depuis sa Création approche. La Voie lactée est pure, bien plus pure que vous ne pouvez l'imaginer. Malheureusement, quelques taches ont sali cette pureté infinie, et il faut les nettoyer. Le mal et les ténèbres ne doivent pas être autorisés à souiller nos nations célestes, car ils ont malheureusement tendance à se multiplier. C'est précisément ce qui s'est produit sur Terre. Par conséquent, une grande transformation y est nécessaire. La Terre, suspendue actuellement dans l'Espace, a été gravement endommagée et doit être réparée. Bientôt, ni les hommes ni les animaux ne pourront continuer à vivre à la surface du globe. Les plantes, et même les arbres, vont se flétrir et mourir. Il faut faire quelque chose!

"Vous, chers visiteurs, avez observé comment les choses se passent sur plusieurs des innombrables autres planètes. Ce que vous, dans votre égoïsme tenace, refusez d'accepter - à savoir l'existence d'autres formes de vie que la vôtre au sein de l'Univers - n'est rien d'autre qu'un mensonge complet et absolu. Nous vous observons depuis des millions d'années, en voyant comment votre narcissisme prétentieux, et votre incapacité à reconnaître les grandes réussites dans les petites réalisations, en plus de vous croire seuls dans l'Espace, vous ont finalement conduit à la ruine. Vous ne pourrez pas continuer votre existence plus longtemps avant d'être plongés dans l'abîme... Nous vous donnons donc un dernier avertissement!

"Il faut aussi permettre aux points positifs de se faire entendre!" a ensuite déclaré une voix féminine, qui a poursuivi. "Nous savons que si le mal doit être vaincu, des victimes innocentes seront sacrifiées dans le processus, car il y a beaucoup de bonnes personnes sur Terre qui pensent différemment et comprennent qu'il est grand temps de rectifier les choses. Il ne s'agit pas de problèmes insignifiants. La bataille entre le bien et le mal doit avoir un nouveau visage, un nouvel objectif. Vous avez besoin d'aide, car vous avez réussi à faire s'effondrer votre planète autrefois si belle. Des puissances bienveillantes se sont ralliées pour vous aider et sont prêtes à intervenir avec du soutien. Mais en retour, vous devez être prêt à apprendre de nouvelles choses, que vous n'avez pas osé accepter auparavant, parce que vous ne vouliez pas y croire.

"Naturellement, vous avez des prophètes. Vous les avez depuis des centaines d'années. Ils ont fait des déclarations prudentes et sensées, mais peut-être qu'ils ne croyaient pas assez en eux, c'est-à-dire à ce qu'ils avaient au plus profond d'eux-mêmes. C'est la façon dont la nature des choses a toujours été. Les prophètes s'avancent, rayonnant d'une lumière éclatante - puis discrètement ou presque invisiblement - leurs paroles affectent profondément beaucoup de gens, mais pas tous. Ensuite, la vie ordinaire revient à la normale, c'est-à-dire manger ou être mangé, en ce qui concerne les animaux, mais pas seulement. Devons - nous nous accrocher à notre petit confort ou oserons-nous nous aventurer dans une situation inconnue, voire inconfortable?

"Le temps est venu pour que la Soeur Terre prenne conscience qu'elle appartient à la grande Famille Cosmique. On ne peut y parvenir en rejetant aveuglément la pollution, d'abord dans les campagnes, puis dans l'Espace, où elle se propage comme de minuscules germes infectant tout ce qui n'est pas surveillé. Si on les laisse se déchaîner, il y aura certainement des conséquences graves. Il s'agit principalement de ceux à qui l'on a inculqué le pouvoir de l'argent, associé à une soif malsaine de gloire et de célébrité. Ensuite, il y a ceux qui sont rongés par l'avarice, la jalousie et une nature réticente envers les personnes vulnérables, pauvres et sans défense. De plus, des voleurs et des charlatans sans scrupules sont déterminés à tromper les personnes honnêtes et consciencieuses."

"Et à qui nous adressons-nous?", telle est la question rhétorique posée par un autre des Onze. "Qui sont donc ces personnes qui se battent sans cesse pour en obtenir davantage? Qui ont des pensées viles qui doivent être purifiées de toute urgence? En vérité, je le dis: Ce sont ceux qui occupent des positions de pouvoir.

"La soif de pouvoir, de ceux qui l'ont, déteint sur ceux qui le désirent. Leurs voix d'acier imposent des contraintes aux autres, qu'ils soient coriaces ou doux. Ces derniers sont toujours des proies faciles et finissent par être maîtrisés. Combien sont-ils à suivre le courant sans réfléchir, n'osant paresseusement pas s'exprimer et se mettre à contre-courant? Il est bien plus simple de suivre le mouvement et d'éviter tout danger. Il suffit de regarder la télévision! Il est tellement plus facile de s'asseoir confortablement et d'éviter de penser par soi-même, en laissant à d'autres personnes aimables le soin de penser à votre place.

"Non! Il faut faire quelque chose - et ce sera fait, bientôt. Les avertissements n'ont pas manqué, et ce dont nous parlons maintenant se produit depuis l'existence de l'Homme sur Terre. Ils ont semé des graines à la fois sur des sols pierreux et sur des sols fertiles. Leur interprétation du récit de la Bible sur la façon dont ils sont venus au monde est incorrecte. Il y a beaucoup de choses sur lesquelles on ne peut pas se fier dans les annales de l'histoire. Si vous saviez qui nous sommes, nous aurions pu rectifier les choses. Mais dans tout l'espace intérieur, il nous a été strictement interdit de nous mêler de la vie de l'Homme et de son propre développement sur Terre. C'est donc ainsi que les choses se sont passées."

"Une transition radicale est désormais indispensable," a déclaré une nouvelle voix de l'un des Onze. "L'humanité sur Terre doit être confrontée à notre existence bien réelle en tant que personnes vivantes, travailleuses, aimantes, extérieurement similaires, mais intérieurement très différentes. Nous souhaitons participer activement à ce grand changement, en aidant autant que possible, car nous ne pensons pas que les êtres humains soient, livrés à eux-mêmes, capables de mener un mode de vie aussi différent. On ne saurait trop insister sur le fait que quelque chose de marquant doit se produire, quelque chose de monumental et de mouvementé."

Des cris de joie exultants s'étaient fait entendre en réponse. Ils résonnaient dans toute la salle, comme un éclat de bonheur, une brise chaude d'humanité, avec un soupçon de roses parfumées mêlées a la violette et la vanille. L'idée m'est soudain venue que j'avais l'impression d'être chez moi, dans le monde quotidien des humains bienveillants.

Tout autour, je pouvais sentir l'Amour le plus pur et le plus béni. L'Amour partagé par les parents et les enfants, entre les amis chers, les jeunes et les vieux. Un Amour qui s'est transformé en une chanson de rires et de plaisanteries, de danse et d'espoir. Il y a tant de bons, d'harmonieux, d'agréables sentiments! Pourquoi ne pas les laisser envahir notre quotidien? Nous devrions louer davantage les petites choses du quotidien, car c'est bien à travers elles que nous vivons. Nous devrions avant tout nous efforcer de rendre notre vie quotidienne agréable à vivre, digne d'intérêt, ludique, pleine d'imagination, provoquant des rires à l'intérieur et à l'extérieur de nous-mêmes.

Les acclamations et les murmures ont été réduits au silence par une autre voix annonçant quelque chose. Cette fois, c'était celle d'une femme. "Ecoutez, je vous demande votre attention, chers amis! Nous avons des visiteurs de la Terre! S'il vous plaît, ne les effrayons pas, mais rendons-les plutôt heureux et pleins d'espoir. Nous souhaitons éradiquer une vieille expression qui a été largement utilisée à mauvais escient sur Terre: 'On ne vit qu'une fois!'

"C'est totalement idiot et incorrect! Comment est-il possible de penser de telles absurdités? Nous vivons plusieurs vies pour acquérir des connaissances, et nous espérons atteindre un niveau de développement suffisamment élevé pour nous permettre de franchir le seuil de l'éternité. Il faut vivre plusieurs vies afin d'améliorer progressivement son karma. Les animaux vivent également de nombreuses vies et peuvent changer de façon spectaculaire. Ce n'est cependant pas le cas des humains, car leur changement est uniquement intérieur, les préparant à ne faire qu'un avec la lumière. Ils ne perdent cependant jamais leur identité unique, qui est leur âme. L'âme est éternelle.

"Je doute que je vous dise quoi que ce soit de nouveau à ce sujet, mais je crois que si les gens acceptaient réellement et véritablement le fait qu'ils ont la capacité d'améliorer leur âme, l'élevant ainsi à un niveau supérieur, alors la grande majorité serait beaucoup plus vigilante dans leurs paroles et leurs pensées. La pensée est l'instrument qui permet de vivre des expériences incroyablement agréables dans le Cosmos. La pensée est le Pégase de chaque individu. La pensée est la chose la plus importante de toutes. Tout comme nous, les êtres humains doivent apprendre dès leur plus jeune âge à contrôler leurs pensées. En agissant ainsi, votre société changerait totalement!"

Ce n'était en effet pas du tout nouveau pour nous. Mais c'était un rappel important, une annonce qui pouvait déplacer des montagnes. Il y a tant de mots, mais ils ne sont pas toujours gravés comme ils devraient l'être. J'ai jeté un coup d'oeil à Lydia. Elle était assise bien droite, en position du lotus, sur le coussin de velours bordeaux. De délicates larmes coulaient lentement le long de ses joues tandis que ses lèvres affichaient un sourire.

Là encore, il y a une multitude de niveaux différents. Je n'ai même pas essayé d'imaginer tous ces niveaux où les paroles de la Sagesse seraient froissées et jetées dans la corbeille à papier. Il valait mieux les imaginer comme de petits oiseaux, volant dans le cœur des humains et s'y installant pour se reposer. Ranira avait fait référence aux Sages du monde. Mais la sagesse ordinaire ("le bon sens") n'est-elle pas aussi valable comme étant la plus haute aspiration de ceux qui la recherchent? Considérons la sagesse ordinaire comme un début. L'étape suivante n'est pas aussi éloignée qu'elle pourrait le paraître. Et soudain, tout s'enchaîne comme un mécanisme d'horlogerie.

Il semblait que les onze sages n'avaient plus rien à ajouter, à l'exception du onzième (dont il était si difficile de définir le sexe), qui se déplaçait juste en face des dix autres, nous regardait intensément, Lydia et moi, et disait: "Vous deux, éminents esprits qui avez foulé la Terre Mère de vos pieds, écoutez-moi maintenant! Vous avez visité d'autres planètes, et nous n'étions pas vraiment compris dans votre programme officiel. Peut-être que nous sommes trop humains, bien que nous ne vivons pas comme les humains sur Terre. Vos dirigeants devraient nous rendre visite afin d'apprendre quelque chose d'utile. Peut-être que cela pourrait arriver, d'une manière ou d'une autre, puisque la Terre va être modifiée.

"Vous devez totalement changer votre façon de penser. Vous devez comprendre que l'Espace entier et infini est plein de vie, et que la vie peut prendre de nombreuses formes. Vos films sur les extraterrestres sont parfois d'une précision surprenante, en dehors de toutes les batailles agressives. Naturellement, des guerres ont eu lieu dans l'Espace. Il y a toujours quelques fous en quête de pouvoir, mais jusqu'à présent, ils ont été efficacement contre-attaqués. Ce que vous qualifieriez de magie est pour nous tout simplement une chose naturelle de la vie. Ce que vous considérez comme de grandes inventions sont pour nous des éléments simples et évidents. Ce que vous appelez les gouvernements, nous le considérons comme une folie du pouvoir et un abus de la sagesse intérieure. Vous avez donc certainement beaucoup à apprendre!

"Nous vous souhaitons bonne chance pour la suite de votre voyage. Nous sommes toujours là, et si vous souhaitez nous contacter, vous serez toujours les bienvenus, soit directement, soit par l'intermédiaire de nos représentants: Helis l'homme Soleil et Hella la femme Soleil!"

Un homme et une femme descendirent du podium, se dirigèrent vers nous et nous embrassèrent. Helis et Hella! C'étaient nos nouveaux amis. Ils nous ont demandé de ne penser à eux que lorsque nous aurions besoin de leur aide, et ils nous donneraient alors des réponses. Nous nous sommes inclinés respectueusement et avons fait marche arrière pour sortir de la salle, avec Ranira. Lydia, bien sûr, a trébuché de façon caractéristique sur sa longue jupe et a bruyamment atterri sur le sol, afin que tout le monde puisse l'entendre. Je me suis précipité pour l'aider à se relever, tout en jetant un regard nerveux vers le podium. J'y ai vu de nombreux sourires. L'humour ne manquait donc pas là-haut!

29. Visite chez les Reptiliens

"On vous a donné beaucoup de matière à réfléchir," a dit Ranira, en énonçant cette évidence avec un sourire, alors que nous grimpions dans notre petit carrosse après avoir caressé les chevaux et leur avoir donné quelques mots d'encouragement. Je me suis retourné et j'ai jeté un regard d'adieu à cette magnifique bâtisse. Le torrent de larmes sur les joues de Lydia s'intensifiait et elle commença bientôt à sangloter bruyamment sur l'épaule de Zoa, de sorte que Ranira a dû prendre son petit garçon sur ses genoux. J'ai compris que la Lydia physiquement incarnée avait été profondément touchée par toute cette beauté que nous venions de vivre, réveillant de vieux souvenirs de sa dernière vie sur Terre. Mais nos propres souvenirs de vies antérieures sur Terre ne devaient pas interférer avec notre mission, chose que j'étais obligé de lui rappeler. De plus, nous devions bientôt penser à beaucoup d'autres choses.

Le crépuscule était tombé. Le fils de Zoa et de Ranira était assis dans la calèche avec une dame plus âgée. Elle avait un visage sympathique et lui racontait apparemment des histoires. Il écoutait attentivement avec la bouche grande ouverte. Il se sentait en sécurité et à l'aise. Nous pouvions sentir une agréable odeur de cheval, si familière à l'époque où nous vivions sur Terre. Les chevaux trottaient à un rythme assez rapide, apparemment désireux de dépasser la partie la plus mauvaise de la route le long de la falaise avant la tombée de la nuit. Je ne sais pas comment nous avons réussi à dévaler la route aussi rapidement, mais tout à coup, nous nous sommes retrouvés à rouler sur une portion de route droite, alors que l'obscurité totale tombait. Heureusement, nos lanternes s'étaient allumées, tant à l'intérieur qu'à l'extérieur de la voiture. Il y avait aussi des lanternes sur les chevaux. Même leurs brides et leurs rênes brillaient d'une lumière vive et claire. Je ne pense pas que quelque chose de semblable ait encore été inventé sur Terre!

Il n'a pas fallu beaucoup de temps pour atteindre la maison de Ranira. Une Kyra un peu furieuse est venue à notre rencontre; elle s'est sentie exclue et aurait aimé nous accompagner lors de notre rencontre avec les Sages. Ranira a dû lui promettre qu'ils leur rendraient bientôt visite à nouveau.

"Peut-être est-il temps que nous nous préparions à retourner chez nous?" J'ai réfléchi, alors que nous nous installions dans leur confortable salon (salle à manger, bureau, salle de télévision, etc. ...) et que nous discutions des aventures de la journée.

Ranira s'est tortillée de façon inconfortable. "Non," me dit-il finalement, "j'ai bien peur que vous ne puissiez pas encore revenir en arrière. J'ai reçu l'ordre de vous emmener sur une autre planète. Vous devez visiter une planète reptilienne. Il y a beaucoup de planètes de ce type dans l'Univers, et vous devriez apprendre à les connaître."

"Pas moi!" cria Lydia. "Ooh, je ne veux vraiment pas. S'il vous plaît, pas les reptiles! J'ai une peur terrible des serpents, des gros lézards, et ..."

"Des dragons?" J'ai gentiment ajouté.

"Les dragons ne sont pas des reptiles," a déclaré Lydia. "Les dragons sont merveilleux, grands, adorables, sages, gentils... um hmm ..."

"Merveilleux, sages, gentils quoi?" interrompit Ranira, en riant. "Les dragons sont l'archétype des reptiles. Je pense qu'il vaut mieux que tu viennes, sinon tu n'auras pas accompli ta mission. Nous pouvons vous garder içi, si vous avez peur."

Et c'était ainsi. Lydia a suivi docilement après avoir, avec l'aide de Zoa, enfilé une tenue plus adaptée aux températures tropicales, c'est-à-dire des bottes montantes, un costume blanc et un casque en peau de phoque, qui lui allait comme un gant.

Nous, les messieurs, avons mis quelque chose de similaire, puis nous nous sommes tous installés dans la "voiture". Pas de temps pour la détente sur ces planètes. Cette fois-ci, Zoa ne nous a pas rejoints, mais Kyra l'a remplacé. Nous étions repartis pour une nouvelle expédition. Il ne semblait guère possible que quoi que ce soit puisse égaler la visite extraordinaire d'Andromède.

La "voiture" nous a conduit à un aéroport hors du commun. Il était extraordinaire dans le sens où bien qu'il ressemblait à un aéroport terrestre, il en était pourtant très différent. Plein de vaisseaux spatiaux en tous genres, et je dis bien en tous genres, s'y trouvaient. Pas un seul ne ressemblait à un autre. Ils étaient extrêmement colorés et assez bruyants. Apparemment, on n'avait pas besoin de faire la queue à un guichet. Ranira est simplement allée directement vers un vaisseau spatial et a garé notre "voiture" juste là. Ensuite il nous a fait signe de monter à bord. Il a disparu avec son véhicule pendant que nous grimpions sur une échelle assez solide. Puis, nous nous sommes assis dans une cabine plutôt exiguë. A l'intérieur, il y avait déjà un certain nombre de personnes, ou d'êtres?

"Nous décollons maintenant pour Eta Draconis," a informé Ranira, qui est apparu soudainement et s'est assis devant nous, à côté de Kyra. "Eta Draconis est la plus ancienne des planètes draconiennes et reptiliennes. Votre arrivée est attendue, et vous serez extrêmement bien accueillis. Elles étaient autrefois belliqueuses, mais tout a changé pour elles dans les années 1990. Vous en apprendrez plus après notre arrivée."

Derrière nous, il y avait un couple, vraisemblablement draconien. Leur tête ressemblait à celle d'un dragon, leurs yeux étaient jaunâtres et leur bouche était extrêmement grande et large. Ils n'avaient pas de cheveux et leur peau était d'un vert éclatant et couverte d'écailles. Ils essayaient d'être amicaux et nous souriaient, ce qui déformait leurs visages de façon hideuse. Je leur ai souri en retour et ils se sont ensuite installés, apparemment satisfaits de la conduite des humains. Au fond de moi, je me recroquevillais à l'idée de devoir rencontrer une masse d'individus tout aussi bizarres. La seule consolation était que nous étions, sans doute à leurs yeux, tout aussi bizarres. Lydia s'était endormie; la journée avait été épuisante.

Le voyage vers la planète des dragons s'est déroulé rapidement. En fait, il semblait que seulement quelques minutes s'étaient écoulées quand Ranira me secoua l'épaule.

Il m'a crié à l'oreille: "Ne dors pas, nous allons bientôt atterrir!" Il y a eu des bruits de crash et de claquements terrifiants lorsque nous avons touché le sol. Le vaisseau spatial a oscillé d'avant en arrière jusqu'à ce qu'il s'arrête complètement. Je suis resté sur mon siège en attendant que ces êtres aux têtes de dragon aient quitté le vaisseau. Puis j'ai réveillé Lydia. Au bas de l'échelle, Ranira et sa fille nous attendaient.

Derrière eux, je pouvais voir une masse d'êtres à tête de dragon et de lézard, habillés avec des vêtements ordinaires, nous saluant avec enthousiasme, comme si nous étions de la royauté. Comme d'habitude, Lydia a immédiatement profité de la situation et a gracieusement souri tout en faisant un signe de la main. J'ai compris qu'elle avait l'intention de jouer le rôle de reine jusqu'à ce qu'elle comprenne clairement dans quoi nous nous étions engagés.

Je suis allé voir Ranira. Un homme étrange avec une tête de crocodile, portant un uniforme, est venu à notre rencontre. Un grand fou rire a soudain éclaté parmi la foule derrière lui, et je me suis retourné, surpris. Tout ce que je pouvais voir, c'était le postérieur de Lydia et une femme visiblement furieuse qui se relevait du sol. Elle avait visiblement trébuché sur les marches lors de sa démonstration, tenant sa tête trop en arrière, et n'a pas vu où elle posait ses pieds. Elle a donc atterri sur le sol avec maladresse, ce qui a beaucoup amusé la foule. Certains des lézards se sont précipités pour l'aider, ce que Lydia n'a pas apprécié. Elle essaya de se tenir parfaitement droite et, d'un air imperturbable, s'avança vers moi, plus ou moins inconsciente du nouvel environnement plutôt étrange dans lequel elle se trouvait. Les rires avaient cessé, mais la gentille considération pour le bien-être de Lydia demeurait, ce qui m'indiquait qu'il s'agissait de personnes spéciales.

"Ils s'excusent de ne pas avoir prévenu votre compagnon de l'atmosphère glissante qui règne ici," m'a dit Ranira. J'ai souri et hoché la tête à plusieurs reprises tout en chuchotant à Lydia de faire de même. Elle a instantanément changé son expression hautaine en une expression de gratitude bienveillante, serrant la main de tous ceux qui l'entouraient.

Kyra, qui avait observé tout l'incident avec un plaisir non dissimulé, cria à quiconque voulait l'entendre: "C'est notre façon habituelle de saluer chaque fois que nous visitons une nouvelle planète!" Ainsi, Lydia fut sauvée de la gêne et du désarroi.

L'homme en uniforme à qui Ranira parlait, semblait être de très haut rang. Une petite femme lézard, qui avait réussi à se faufiler entre Lydia et Kyra, cria d'une vive voix:

"Nous avons envoyé Pyriocanin, qui commande ici, à votre rencontre. Il vous escortera jusqu'au Palais, où vous serez présenté à nos Altesses Royales et dînerez avec elles." Elle s'est ensuite profondément inclinée devant nous, puis a disparu.

L'homme en uniforme blanc, qui semblait avoir presque perdu sa concentration, s'éclaircit la gorge à voix haute et annonça: "Vous êtes le bienvenu ici, et c'est avec grand plaisir que je vous escorterai jusqu'à nos Régents, qui attendent votre arrivée avec grande impatience, et ce depuis qu'ils ont appris que vous étiez en route pour venir ici."

Il s'inclina, faisant résonner joyeusement toutes les bandes dorées, les épaulettes et les chaînes de son uniforme. Puis il nous a conduits vers deux véhicules qui avaient l'air encore plus extraordinaires que d'habitude. De gigantesques lézards, ou plus probablement des dragons, se sont avancés et se sont penchés juste devant nous. En y réfléchissant bien, je me suis rendu compte qu'il s'agissait probablement d'une certaine race de lézard, car leur tête était considérablement plus petite que celle d'un dragon et ressemblait surtout à celle d'une tortue, avec un nez allongé.

Nous n'avons pas osé demander. Ranira est montée directement sur le premier, suivi de près par Kyra. Lydia et moi-même nous somme assis sur le second. Ces grandes bêtes étaient équipées des selles très élégantes et ornées d'or, qui étaient étonnamment confortables à l'assise. Il était normal de ressentir un peu de tremblement lorsque ces bêtes se tenaient debout sur toute leur hauteur, et pire encore, lorsqu'elles déployaient leurs ailes et prenaient leur envol. Nous étions devenus involontairement des cavaliers dragons, que cela nous plaise ou non. Mais en fait, nous étions assis assez en sécurité à l'intérieur d'une cage dorée, proches les uns des autres et solidement attachés par des sangles scintillantes. Naturellement, Lydia était absolument pétrifiée, mais le fait que nous étions tous les deux assis ensemble et que nous nous soutenions l'un l'autre était réconfortant. J'ose dire que Kyra ressentait la même chose.

Je riais à l'idée que des promenades en chameau classiques étaient comme des promenades en dragon par ici!

Le paysage en dessous ne nous a pas beaucoup surpris. Toutes les planètes sont composées de montagnes, de collines, de lacs, de mer, de forêts, de déserts et de terres agricoles. Ici aussi, seules les proportions étaient un peu plus grandes que ce que nous avions vu auparavant. Un palais est alors apparu, et il était gigantesque. Notre "avion vivant" descendit progressivement et prudemment, jusqu'à atterrir dans la vallée, où le palais se trouvait comme un joyau incrusté dans la verdure luxuriante.

Après avoir posé mes pieds sur la terre ferme, j'ai finalement conclu que j'avais bien tapoté une tête de dragon - mais en quelque sorte plus petite et plus douce. Lydia était devenue toute pâle et sans vie lorsque Kyra s'est précipitée vers nous, les yeux illuminés, en criant avec excitation: "Ooh, c'était tellement fantastique! Nous devons aussi implanter ce type de transport sur notre planète! Je vais prier papa de demander ..."

Elle a disparu et est retournée chez son père aussi vite qu'elle était arrivée. Ranira marchait avec le Général, ou quel que soit son titre, et nous les avons rejoints.

Nous avions apparemment atterri directement devant le palais, car une énorme porte s'était ouverte devant nous, et nous sommes entrés. Puis une autre porte gigantesque s'est ouverte pour nous et, après cela, encore une troisième. Elles étaient toutes aussi énormes les unes que les autres.

"Ce n'est pas une zone où les véhicules sont autorisés à entrer," annonça le Général. "Cela assure en soi la sécurité du palais. De plus, il y a un profond fossé tout autour que les dragons vous ont fait traverser. Nous sommes sur le point d'entrer dans le hall."

Après avoir traversé le hall, il y en avait encore deux autres, énormes bien sûr. Ils étaient décorés avec des statues de grande taille et d'autres œuvres d'art. Puis, finalement, nous avons atteint la salle de réception du Couple Royal.

Ce n'était pas terriblement énorme, mais c'était très chaleureux. Elle était remplie de statues et de peintures, et disposait également de confortables sièges aux proportions variées. Il y avait aussi des tables avec des tissus en brocart d'or. Le Couple Royal formait un couple hors du commun! Ils n'étaient pas, comme il est d'usage, assis sur des trônes élevés. Bien au contraire, car ils étaient allongés sur le sol et jouaient avec leurs petits enfants (ce qui ne correspond pas à leur taille, mais à leur âge présumé).

La Reine s'est levée la première, balayant son brocart en s'avançant vers nous. Je me demande si, par hasard, vous avez déjà embrassé un crocodile? Si ce n'est pas le cas, je vous conseille vivement de renoncer à ce plaisir douteux! Lydia et moi avons toussé pendant un bon bout de temps après. Puis ce fut le tour du Roi! Heureusement pour nous, il nous salua un peu plus prudemment, en nous tapotant seulement sur l'épaule. Il était si puissant que nos genoux cédèrent, puis il nous serra amicalement la main. Nous n'avons pas ressenti cette poignée de main, car nos mains entières avaient disparu dans ses griffes.

"Merci d'être venu ici!" il grogna puis se mit à pleurnicher, ce qui était sans doute sa façon de rire. Lydia mit un bras autour de Kyra, qui montrait des signes de peur.

"Dînons donc!" proclama la Reine. "Nous pourrons alors discuter avec nos invités de marque. Je suis impatiente d'entendre tout ce que vous avez à dire sur la Terre et les autres planètes que vous avez visitées. Il y a beaucoup de choses dont nous devons discuter, mes chéris!"

De manière mitigée, j'ai suivi humblement les autres dans la salle à manger (ou devrais-je dire la salle de banquet?), qui était elle aussi gigantesque, bien sûr. Une table plus petite avait été dressée dans un coin de la pièce, à laquelle nous nous sommes assis. Je frissonnais intérieurement à l'idée de ce que nous pourrions manger.

Nous avons eu une conversation animée, sans interruption, et nous avons raconté nos voyages planétaires du mieux que nous avions pu. La nourriture, cependant, s'est avérée être une grande surprise. On nous a servi une variété de plats végétariens tout à fait délicieux. Le Roi et la Reine ont mangé quelque chose de différent, dans de plus grandes portions. Je n'avais pas envie de savoir ce que c'était. En fait, j'étais simplement heureux de la qualité de mon repas. Ensuite, nous sommes allés dans le jardin qui était très beau et très bien entretenu, mais énorme aussi, bien sûr. Nos hôtes ont vraiment fait un gros effort pour être accueillants et divertissants, réussissant totalement à dissiper toutes les craintes que nous pouvions avoir au point que nous avons tous les quatre oublié que nous étions en compagnie de la haute royauté (de la meilleure façon possible).

Après avoir profité d'un véritable moment de bonheur dans le jardin, il était temps de faire un peu de tourisme. Les moyens de transport massifs, avec leurs énormes têtes de lézard - ou de petits crocodiles, quels qu'ils soient - sont immédiatement passés au-dessus et se sont garés aussi près de nous qu'ils le pouvaient. Le Général, dont le nom est le plus étrange qu'on puisse imaginer, était avec nous depuis le début et devait également être notre guide pour notre visite. Le Roi et la Reine retournèrent à leurs obligations, comme ils les appelaient, et nous firent signe de partir après que nous

nous soyons installés sur la selle. Nous avons fait un dernier signe de la main pour dire adieu à ce couple majestueux.

"Quel soulagement de ne plus avoir à faire de cérémonies!" s'écria Lydia, alors que les puissantes ailes nous soulevaient du sol avec un grand fracas. "On a une vue si splendide d'ici, et tu sais, Jan, je peux parler à ces deux Pégase, mais il faut être très près de leurs oreilles. Je les ai nommés Joyeux et le Doc, comme dans le conte de Blanche-Neige et les Sept Nains."

"Pégase était un cheval ailé," ai-je fait remarquer, "né de la fontaine de sang qui a jailli lorsque Méduse a été décapitée par Persée."

Lydia a ri, en tant qu'historienne. "Oh, ces anciens mythes!", rétorqua-t-elle. "Ne peut-on pas voyager en eux comme on voyage entre les planètes? J'aime les histoires, et j'aimerais vraiment partir en expédition à travers elles. On pourrait demander au Pèlerin quand on le reverra!" Mais j'avais cessé de l'écouter.

"Regarde, quel étrange paysage!" J'ai crié.

Lydia se pencha sur le côté, tout en me serrant le bras. En bas, il devait y avoir une sorte de jungle; pas la jungle habituelle, verdoyante et agréable, mais une réelle forêt de broussailles. C'était une jungle sans feuilles, aux branches raides, nouées et entrelacées, avec de l'eau marron entre les deux, qui ressemblait à un marécage. Elle avait indéniablement l'air hostile et infranchissable. L'eau trouble que nous apercevions semblait tout sauf sans vie. Notre transport s'est mis à se frayer un chemin en brisant quelques brindilles desséchées qui craquaient bruyamment, mais nous n'avons pas atterri, Dieu merci!

Tout à coup, nous volions aux côtés des autres, et le Général, qui était assis sur le cou de l'autre lézard dragon, a crié: "Nous n'allons pas atterrir ici; il y a des gens des marais là-bas. Il y a beaucoup de ces marécages à différents endroits. Les habitants des marais sont enclins à voler des personnes et des biens. Nous ne pouvons pas permettre ce genre de choses. Parfois, ils se battent avec nous, mais nous avons l'habitude de gagner." Il a lancé un rire étonnant qui ressemblait plus à un coassement.

Je pouvais imaginer à quel point une telle guerre devait être horrible et j'ai prié pour que nous atteignions une région plus agréable au plus vite. Je n'ai pas eu à attendre longtemps. Les marécages sinueux ont vite fait place à de magnifiques prairies verdoyantes. Nous avons fini par nous poser sur l'une d'entre elles et nous avons commencé à brouter. Non, pas nous, bien sûr, mais nos "véhicules" étaient apparemment des herbivores et avaient besoin d'être ravitaillés en carburant. Le Général s'est immédiatement précipité vers nous. Son visage de crocodile rayonnait de bienveillance et sa grande bouche affichait un large sourire. J'aurais préféré ne pas voir exactement combien de dents il avait, aussi longues et pointues soient-elles.

Où que nous soyons allés parmi toutes ces planètes, festoyer semblait simple et efficace. C'était aussi le cas dans cette belle prairie, car là, sur une souche d'arbre parfaitement ordinaire, un plateau de boissons gourmandes et de pain appétissant et sucré avait été placé pour nous. De toute évidence, on utilisait beaucoup de miel en cuisine, et je me suis donc renseigné pour savoir s'il en était ainsi.

"En effet, nous utilisons du miel dans presque toute notre nourriture," répondit le Général. "Les abeilles sont nos meilleures amies, et nous veillons à ce qu'elles soient bien soignées. Il y a des ruches partout, dans les villes et dans les campagnes, même dans certains arbres. Quel plaisir de savoir que vous appréciez aussi le miel! Nous allons maintenant survoler une autre zone marécageuse. Lorsque nous l'aurons dépassée, vous verrez apparaître une de nos villes."

J'ai remarqué que Kyra était à la fois affectée et épuisée, je commençais donc à me demander si c'était une sage décision de l'emmener avec nous. Je lui ai fait un sourire encourageant.

"Je dois dire, poursuit le Général, que nos chers animaux de vol sont extrêmement friands d'une plante qui ne pousse que dans les marécages. Ne vous inquiétez pas s'ils s'arrêtent au prochain marais pour manger, mais je dois vous demander de rester dans vos cages. En aucun cas vous ne devez vous retirer de vos positions sur la selle, quoi que vous puissiez voir. S'ils souhaitent se poser brièvement sur place pour manger, je veillerai à ce qu'ils repartent très rapidement en l'air. Ce sont généralement des créatures très raisonnables."

Nous avons continué notre voyage. J'ai commencé à avoir un peu sommeil et j'ai observé les paupières de Lydia s'affaisser, également. À vrai dire, c'était un peu monotone de voler de cette façon, même si on se sentait en sécurité. Je me suis endormi. Puis j'ai brutalement été réveillé de mon sommeil par une forte détonation et j'ai été terrifié de voir que notre bête s'était effondrée sur le sol à côté de sa compagne. Tous deux n'ont pas perdu de temps pour brouter aussi vite qu'ils le pouvaient.

"Restez à vos places!" crièrent à l'unisson le Général et Ranira. Lydia s'était également réveillée et nous avons regardé autour de nous. Ce qui ne devait pas arriver était arrivé.

30. Dangereux Marécages

Il y avait une odeur particulière. Nous étions au milieu des marécages et la lumière s'estompait. Joyeux et Doc se sont couchés, assis et se sont déplacés lentement à travers une prairie envahie par la végétation. De grands arbres dénudés entouraient la grande masse de verdure, qui semblait si irrésistiblement délicieuse pour nos amis volants. Ils l'engloutirent si goulûment que l'on n'entendait rien d'autre que leur bruyant grignotage. Cela ressemblait au son d'une douzaine d'avions qui volaient dans les airs.

Mais ce n'était pas la seule chose qui se produisait. Très lentement, des gens (si c'est ce qu'ils étaient?) se rapprochaient furtivement de nous. Une fois de plus, il n'est pas facile de décrire ces "gens", car ils avaient tous un corps humain. De plus leurs têtes étaient toutes différentes, ce qui était étonnant. Ils étaient complètement nus, bien que la majorité de leur corps soit couverte d'une épaisse chevelure. La première impression que j'ai eue est qu'ils ressemblaient plutôt à des animaux marchant debout sur leurs pattes arrière. Mais cette première impression a vite changé, dès que j'ai remarqué la précision et la douceur de leurs mouvements tout à fait humains, outre la façon dont ils portaient leurs flèches sur les épaules. Ils n'avaient pas l'air particulièrement aimables. Leurs yeux, ou du moins ce qu'on pouvait entrevoir parmi toutes les touffes de poils, avaient un regard froid et cruel.

Le Général a alors crié: "Essayez de forcer vos transports à décoller maintenant!"

Kyra avait murmuré à l'oreille de notre bête: "Faites de

même, s'il vous plaît!"

C'est Lydia, bien sûr, qui a finalement eu la brillante idée de lui chuchoter la promesse d'un grand nombre de plats délicieux qui les attendaient dans un autre endroit, ainsi que tout ce qui lui venait à l'esprit, à condition que nous avancions rapidement. L'une des étranges bêtes du camp adverse s'était approchée de notre dragon-lézard lorsque celui de notre copilote s'est envolé la bouche pleine. Pour pouvoir parler à l'oreille de notre bête, Lydia a dû s'accrocher momentanément à son cou. À ce moment précis, l'un des archers a réussi à saisir l'un de ses pieds. J'ai donc sauté hors de notre cage pour la tirer en arrière. Sans doute notre bête avait-elle enfin compris le danger imminent et, en un rien de temps, malgré une dernière bouchée de plantes, elle prit la fuite, laissant derrière elle ses agresseurs qui n'avaient réussi qu'à pendre la chaussure de Lydia. Elle était indemne, et je l'ai alors prise en sécurité dans mes bras. Je nous ai hissés dans la cage et nous ai attachés en toute sécurité à nos selles, en fermant bien la porte. Notre bête s'est intrépidement élevée dans le ciel tandis que Lydia se blottissait contre moi et, comme d'habitude, sanglotait.

"C'est une planète désagréable, horrible, et je ne veux pas rester ici," a-t-elle reniflé. "J'adore Joyeux et Doc, mais je ne peux pas supporter tout ça plus longtemps. Je veux rentrer chez moi, s'il vous plaît!"

En attendant, nous sommes restés en sécurité dans notre cage jusqu'au prochain atterrissage. C'était au milieu de ce qu'ils appelaient la "ville", ce qui ne correspondait pas beaucoup à ma conception du mot. On y voyait des bâtiments plus grands et plus hauts, plus proches les uns des autres. Ils avaient des formes variées et étaient faits d'un matériau gris. Certains avaient des dômes verts transparents; d'autres avaient des extensions uniques, transformant une maison en deux.

Le Général s'est jeté à terre et nous a fait signe de suivre son exemple. Lydia avait mis à profit son talent pour créer une nouvelle paire de chaussures blanches et confortables. Elle s'était alors remise de l'incident précédent, avait joyeusement tapoté nos taxis vivants sur le nez et était partie à la poursuite de notre guide sur la grande place pavée qui ressemblait à la vieille ville de Stockholm. Cette place avait un aspect gris et miteux, mais lorsque le Général, qui faisait fièrement un geste de la main vers tout ce qui nous entourait, nous a demandé si nous trouvions cela agréable à l'œil, nous avons poliment hoché la tête mais sans enthousiasme.

Il y avait une foule de gens qui se déplaçaient à perte de vue, et il n'était pas difficile de deviner qu'ils devaient vivre dans la région. Leur tête et la partie supérieure de leur corps ressemblaient à une variété d'animaux, surtout des crocodiles ou des lézards, mais il y avait aussi des mélanges indescriptibles et variés. Les parties inférieures de leur corps semblaient présenter des jambes humaines ordinaires avec lesquelles ils marchaient, couraient ou sautaient, tout comme nous. Ils étaient très nombreux à se frayer un chemin à travers la foule, à crier, à hurler et à nous fixer de manière effrontée. Le Général s'est assuré qu'ils ne s'approchaient pas trop près, en établissant un cercle de sécurité composé de personnes grandes et fortes qui se tenaient entre nous et la masse indiscernable. Nous sommes entrés dans un grand bâtiment circulaire, aussi gris à l'intérieur qu'à l'extérieur, et qui sentait fortement l'humidité et la moisissure.

"C'est notre Centre Communautaire," a déclaré le Général avec enthousiasme. "C'est ici que nous organisons des spectacles, des expositions (de quoi, il n'a pas précisé), des conseils et d'autres réunions. N'est-ce pas parfaitement merveilleux ici?" Nous avons hoché la tête et souri avec bienveillance, c'était la seule chose que nous pouvions faire.

Il est évident que toutes les planètes habitées ne peuvent pas être peuplées uniquement d'humains. Nous, les humains, sommes beaucoup trop égocentriques. C'est une mauvaise attitude que nous devons vraiment apprendre à changer - et peut-être plus tôt que nous ne l'imaginons - lorsque les mondes se rencontreront dans la fraternité cosmique. Nous devrons apprendre à nous accepter et à nous respecter les uns les autres. C'est ce que je savais, mais apparemment pas notre petite Lydia effrayée et imprévisible. Il serait difficile de trouver un ange plus lâche! Elle s'est accroupie derrière mon dos et semblait avoir perdu la tête.

À l'intérieur, le bâtiment me rappelait mon ancienne école, un souvenir pas particulièrement agréable. Tout était gris, et un escalier de pierre menait à l'étage supérieur, où tout était à nouveau gris. Le Général était en extase et j'avais du mal à suivre ses goûts. J'ai rapidement commencé à me sentir aussi gris que tout ce qui m'entourait, de sorte que j'ai ressenti un grand soulagement lorsque le Général a suggéré que nous fassions une pause pour dîner. Je comptais alors lui soumettre la proposition de nous excuser, en partant du principe que nous devions retourner sur notre planète d'origine à une certaine heure.

Il semblait y avoir une conscience du temps sur cette planète. Il aurait été inutile de dire que nous devions en fait nous rendre sur une autre planète, car personne là-bas n'aurait compris ce que nous voulions dire. Les habitants de cette planète croyaient manifestement que l'ensemble de l'espace extra-atmosphérique était exactement le même que celui où ils vivaient, et nous considéraient comme une sorte d'être surnaturel, à en juger par les hochements de tête, les clins d'œil et les contorsions du visage du Général. Ses dents de crocodile scintillaient sur son visage brun verdâtre.

"C'est assez calme dans notre pays en ce moment," a-t-il expliqué. "Nous sommes souvent en guerre ici, sinon. Notre roi est un personnage faible et certainement pas un stratège, nous espérons donc en être bientôt débarrassés. Quand cela arrivera, ce ne sera pas très amusant d'être ici, à regarder la tempête qui se prépare. Je suis conscient que quelque chose d'inévitablement grand est sur le point de se produire sur Terre. S'il vous plaît, auriez-vous la gentillesse de nous épargner une pensée positive de temps en temps?"

C'est ce que j'ai fidèlement promis. Lydia avait aperçu quelque chose qui ressemblait à un jardin zoologique au milieu de toutes les maisons grises. Le Général nous a invités à passer un après-midi dans les jardins, ce qui a donné à Lydia un sentiment de satisfaction. Toute sa peur et son épuisement s'évanouirent complètement.

"Avons-nous le même Dieu?" ai-je demandé au Général, qui m'a répondu en souriant de joie. Lydia et les autres étaient partis à pied faire leur petit safari autour des hautes clôtures.

"Les visiteurs ne sont pas en danger ici," m'a-t-il assuré. "En réponse à votre question, je voudrais dire oui. On peut dire que oui. Sur cette planète entière, nous ne vénérons tous qu'un seul Dieu, le Dieu de la création et y compris ces types sauvages qui ont pris la chaussure de Lydia." Il a pleurniché comme un cheval et, pendant une fraction de seconde, j'ai pensé qu'il en était vraiment un. "Il y a une loi non écrite selon laquelle nous adorons Dieu, mais récemment, un grand nombre de sous-dieux semblent avoir surgi. Ils n'ont rien à voir avec le pouvoir de notre Père Tout-Puissant qui dirige les affaires de Dieu, mais ils ont été adaptés pour convenir à de nombreuses tribus différentes ici. Vous voyez ce que je veux dire?"

J'ai fait un signe de tête et j'ai décidé de m'arrêter là. On pourrait peut-être dire que toutes nos différentes religions correspondent à leurs sous-dieux.

Au retour de Lydia, Kyra et Ranira, le Général et moi avions terminé d'examiner toutes les questions concernant les comités de la planète et les différentes lois sociales. Il est à noter que la planète reptilienne s'est avérée être l'une des rares planètes et étoiles que nous avions visitées qui n'était pas parfaite. Mais malgré cela, elle était loin d'être comme la Terre, et il est très peu probable qu'elle puisse nous influencer de quelque façon que ce soit.

Les méthodes de gouvernement et les valeurs fondamentales de la plupart des planètes que nous avons visitées étaient à peu près les mêmes. La base de toutes ces sociétés est l'Amour, un Amour qui est basé sur une véritable compassion intérieure pour le développement de l'âme et une véritable compassion extérieure pour chacun d'entre nous. Sur cette base reposent quatre Lois Divines, inspirées par la Hiérarchie Spirituelle. Ces Quatre Lois Fondamentales de la Société sont les suivantes:

Loi de l'Un: Le but de chaque être est de découvrir le chemin de son âme pour sa croissance personnelle et son service.

La loi des Deux: Le pouvoir de la Création est exercé dans une relation d'amour avec un autre être. Cette proximité définit le service divin du couple l'un envers l'autre et envers les autres.

Loi des Trois: Le lien étroit avec soi-même, ses amis, sa famille et son clan crée la toile planétaire. Au sein du réseau planétaire, nous comptons sur la force de l'autre pour créer une plus grande force.

Loi des Quatre: La Loi des Quatre est la Loi des Trois, étendue à des groupes plus importants, tels que les clans entre eux et les planètes entre elles.

Afin de s'aider mutuellement à appliquer ces Lois de l'Amour, une Société Galactique est souvent organisée en ce que l'on peut appeler des Podlets. Un podlet regroupe jusqu'à soixante-quatre personnes suivant des voies similaires dans la vie - par exemple: des guérisseurs, des ancêtres spirituels, des ingénieurs, des scientifiques, etc. Au sein du podlet, les plus âgés apportent un soutien éducatif et des conseils aux plus jeunes. La connaissance et la sagesse sont très fortement valorisées. L'objectif pédagogique est de développer un haut degré d'estime de soi et d'indépendance personnelle, tout en maximisant la Joie et l'Amour au sein de chaque individu.

Le plus grand "groupe" qui entoure et soutient un podlet est appelé Pod, qui comprend jusqu'à 500 podlets. Le niveau suivant est le Clan, qui comprend jusqu'à 11 000 pods. Par ailleurs, un plus grand nombre de Clans forment une Nation Étoile. Un principe de base important est que l'individu reçoit le soutien, la subsistance et la force de la société, afin qu'il puisse apporter sa force à la société en retour.

C'est à peu près ainsi que je décrirais les méthodes de gouvernance au sein de notre Espace. J'ai réfléchi à ce point alors que j'étais assis dans mon confortable siège et que je retournais à Andromède, où vivaient Kyra et son père.

Au cours de nos voyages à travers les différentes planètes, nous avons rencontré et admiré beaucoup de Rois et de Reines! Sur Terre, ils vont bientôt disparaître. Plus aucun pays n'en a qui règnent vraiment. De nos jours, les monarques ne sont plus que des figures emblématiques décoratives, comme à la proue d'un navire. Personne ne leur demande conseil, car ils ne peuvent pas répondre librement. Seul le vent peut leur parler, et le vent est trop vif et trop léger pour s'en soucier. Les monarques de la Terre n'ont que le nom, ils se font simplement passer pour des souverains. Sur d'autres planètes, ils occupent une position estimée et participent de manière importante à tout. Ils prennent le commandement du navire et, pour la plupart, réussissent à le diriger à travers les mers déchaînées et à surmonter la tempête.

Parallèlement, les gens participent activement au sein des groupes qui leur sont attribués, dans lesquels ils appliquent leur pouvoir et leurs connaissances illimités. Si une erreur est commise quelque part, alors tout le monde se mobilise pour aider. Nous avons tant à apprendre de nos voisins de l'Espace, car nulle part ailleurs que sur Terre, la liberté n'est aussi limitée. Ce qui se passe réellement, c'est que nous sommes sur le point d'obtenir une libération qui est si massive et sincère qu'elle va entrer dans l'histoire de l'Espace!

"Votre front est aussi ridé qu'une noix!" La voix joyeuse de Lydia retentit. Nous avions atteint le terrain où notre vaisseau spatial était prêt à nous emmener... enfin, exactement où, nous ne le savions pas encore, mais très probablement sur Terre. Le Général nous avait accompagnés tout le long du chemin, discutant avec enthousiasme avec Ranira pendant que j'étais en pleine réflexion. Kyra sautait par-ci par-là, curieuse de tout. De temps en temps, elle interrompait la conversation de son père avec le Général. Ce qui était étrange, c'est que la planète où nous allions nous rendre était celle qui ressemblait le plus à la Terre, du moins en ce qui concerne sa structure négative. Ses paysages avaient également beaucoup de points communs avec les nôtres, mais peut-être un peu plus sombres.

Tout d'un coup, il semblait étrange de partir à ce moment précis, mais Lydia était déterminée. Je ne crois pas que Kyra était très enthousiaste à l'idée de rester là-bas plus longtemps non plus, elle avait le mal du pays.

"Comment vous sentez-vous maintenant?" demanda

Ranira, une fois après avoir poliment pris place dans le vaisseau spatial. Je lui ai fait part de quelques-unes de mes pensées et lui ai dit que j'étais un peu soulagé de terminer cette visite. En même temps, je ne pouvais pas m'empêcher de me demander pourquoi les gens ont si peur de tout ce qui est nouveau et différent - terrifiés par tout ce qui diffère de la façon dont nous nous voyons et concevons le monde. Mais bien sûr, la réponse m'avait déjà été donnée. N'êtes-vous pas d'accord, mes chers frères et sœurs sur Terre: Tout devrait être exactement comme nous pensons, comme nous sommes habitués et comme nous aimons que ce soit? L'idée même de corps humains étranges avec des têtes d'animaux qui se déplacent parmi nous est tout à fait insupportable. Nous ne pouvons tout simplement pas tolérer les anomalies, n'est-ce pas?

Alors, qu'est-ce que l'Amour, si nous sommes incapables de Tout accepter?

31. Amélioration ou Déclin

C'est la question que j'ai posée au Pèlerin, puisqu'il se trouve que c'est la première personne que nous avons vue en descendant la passerelle. Nous avions atterri devant la maison de Ranira et Kyra sur la belle planète Andromède. Nous n'avions pas eu besoin d'appeler à l'aide, mais c'est pourtant ce à quoi je pensais, et il est fort possible que les autres l'aient aussi fait: un simple appel à l'aide. Je désirais l'Amour, mais je n'étais jamais certain que ce que je ressentais était adéquat.

Lydia et Lissa se sont mises à se rouler dans l'herbe, pendant que je posais ma question au Pèlerin, car je n'avais plus la force de résister. Comment faire pour que l'Amour soit à la fois suffisant et durable?

"La seule façon est de transformer son moi intérieur et extérieur en Amour," répondit le Pèlerin avec un sourire chaleureux. "Je pensais que tu le savais, Jan, mon cher ami! Si l'on veut être Amour, il faut rayonner Amour et penser Amour. Être l'Amour, jusqu'au bout, est l'une des choses les plus difficiles qui soient."

"Vous l'êtes," ai-je marmonné, en ajoutant: "Même si je ne sais toujours pas qui vous êtes vraiment ..."

"Avant que tu ne retournes à ta demeure céleste, tu sauras!" a-t-il promis, en souriant.

Zoa est sortie de la maison et nous a invités à entrer et à souper. J'ai cherché le soleil, il venait sans doute de se coucher, car je ne le voyais plus. Lydia dansa devant moi. Le fait d'attendre notre voyage de retour l'avait rendue totalement hystérique. Mais cela n'allait pas se faire aussi vite qu'elle le pensait.

"J'ai quelque chose à te dire," annonça Zoa, dès que nous eûmes terminé notre superbe dîner végétarien. Étant encore dans notre corps physique, nous avions vraiment apprécié la nourriture qui était délicieuse. "Pendant que vous étiez sur la planète reptilienne, apparemment en train de passer un moment merveilleux," dit-elle avec un peu de colère, "j'ai été contactée par les Trois Jeux."

"Ça fait mal!" a crié Lydia, inquiète, "Bonté divine, ont-ils souffert?" Kyra ne put retenir ses rires et sortit de la pièce.

"Pas de douleurs, chère Lydia! Des jeux, mais je vous remercie de votre sollicitude," a déclaré Zoa.

"Les Jeux sont une sorte de système de communication que nous avons ici," interrompit le Pèlerin en guise d'explication. "Parfois, nous trouvons que c'est mieux avec un message vivant que ceux écrits sur le mur."

"Tout à fait," a poursuivi Zoa. "Nous avons été réprimandés pour ne pas les avoir informés de votre visite. Cela aurait dû être l'une de nos principales priorités et nous avons été très négligents. Naturellement, je me suis excusé à maintes reprises. Mais on m'a également fait promettre qu'à votre retour, vous rencontreriez certains de nos gouverneurs afin de pouvoir échanger des informations. Vous passerez bien entendu la nuit dans nos chambres d'hôtes. Ils viendront vous chercher tôt demain matin."

"Oh, je pensais que nous allions rentrer à la maison maintenant!" grogna Lydia, quelque peu consternée.

"Et c'est ce que vous ferez, très bientôt!" le Pèlerin approuva de la tête. "Seulement cette fois, Lissa et moi vous accompagnerons, si vous pensez que cela peut vous aider!"

C'est certainement le cas. Nous avons donc passé la nuit dans leur maison particulièrement accueillante et singulière. Nous avons bénéficié d'un sommeil réparateur, ce qui nous a donné la force d'affronter une nouvelle journée mystérieuse.

Cette journée mystérieuse et imprévue a rayonné de chaleur et a brillé sur nous lorsque nous nous sommes réveillés au son de la cloche du petit déjeuner. La salle de bains, équipée comme celles de la Terre, fut très animée, et une Lydia aux yeux brillants et au visage rose émergea dans un tailleur pantalon bleu pâle brodé de perles. Nous avons à peine réussi à finir notre petit déjeuner qu'un aéroglisseur se tenait prêt à nous accueillir devant la porte. Nous nous sommes empressés de monter dedans. Là, en souriant, le Pèlerin s'est assis avec Lissa. J'ai observé que chaque fois que Lissa était là, Lydia ne se faisait pas de soucis. Apparemment, le Pèlerin n'avait pas non plus la moindre idée de l'endroit où il allait nous emmener. Ou alors il ne voulait pas le dire. Puis, tout d'un coup, nous sommes partis dans une brume bleue.

Allions-nous dans l'espace ou vers une nouvelle planète? Le Pèlerin, qui était assis devant nous, s'est retourné, avec un sourire en coin. "Maintenant, je sais où nous allons!" a-t-il révélé. "Nous sommes sur notre chère Terre, mais juste un peu en dessous!"

"Je sais!" s'écria Lydia triomphante, "Nous sommes dans la capitale d'Agartha: Shamballa."

"Il y avait là des gens qui voulaient vous rencontrer," continua le Pèlerin. "Ils ont un message très important à vous transmettre pour que vous l'emportiez avec vous dans les Sphères Célestes. C'est apparemment quelque chose que vous devez transporter dans vos bagages."

Les bâtiments en nacre d'Agartha sont d'une beauté et d'une élégance inégalables. Certains sont plutôt imposants, mais pas de manière affreuse, juste très somptueux. C'est un centre d'apprentissage qui contient absolument TOUT, et ce uniquement dans le meilleur sens du terme.

Nous avons absorbé tout ce qui était sous nos yeux

gourmands. Nous n'étions plus dans notre forme physique, humaine, dans la mesure où la majorité des êtres sont en cinq dimensions à Shamballa. Qu'en est-il des chiens? Lorsque nous avons regardé Lissa, elle se tenait d'une manière différente et fière, avec le museau pointé vers l'avant et la queue relevée. Elle rayonnait de partout. Notre chien brillait de la tête à la queue, si bien que je me suis demandé si nous brillions aussi. Je n'ai pas eu besoin de demander, car lorsque j'ai jeté un coup d'œil à Lydia, elle ressemblait de près à un cierge de Noël allumée. C'était probablement le cas pour moi aussi, mais je ne voulais pas le savoir. Je voulais juste savoir pourquoi il était si urgent de visiter cette ville incroyablement splendide.

Le Pèlerin qui scintillait lui aussi est passé devant nous, directement à travers une porte. Mes yeux commençaient à fatiguer à cause de toutes ces lumières autour de moi qui étaient incroyablement brillantes. Comme d'habitude, nous avons suivi ses pas de près. Je n'ai jamais vu un chien se porter comme Lissa. Elle marchait telle une reine, la tête constamment haute et sa queue aussi. Je comprenais mieux la fascination de mon amie ange envers elle.

Bizarrement, j'ai presque commencé à souhaiter que tout n'ait pas été aussi parfait et sans défaut. Un sentiment d'ennui monotone m'a frappé.

Le Pèlerin m'avait vu, quelque peu amusé. "C'est une réaction courante, Jan," commenta-t-il, encourageant. "C'est trop beau pour être vrai. L'être humain est un individu très complexe. Mais regardez mieux autour de vous maintenant!"

Nous étions arrivés dans une salle assez grande. Elle n'était pas aussi raffinée et élégante que la manière dont elle avait été aménagée; en fait, elle était tout à fait ordinaire et extrêmement agréable. Une grande cheminée diffusait sa merveilleuse chaleur. Lorsque je me suis arrêté pour réfléchir, le chemin menant à cette pièce avait en fait été plutôt froid. Un cercle de chaises avait été placé devant le feu; j'en ai compté sept. Le Pèlerin nous a invités à nous asseoir, de sorte que nous nous sommes chacun confortablement installés dans un fauteuil de part et d'autre de lui. Les autres chaises étaient inoccupées.

Au début, il y a eu un silence complet. Puis j'ai senti une odeur de genièvre provenant du feu et une musique douce a retenti. Quatre personnes vêtues de manteaux dorés scintillants sont entrées, se sont inclinées devant nous et se sont assises dans les fauteuils vides. Il s'agissait de Maître Saint Germain, Maître Melchizedek, Maître El Morya et du Maître féminin, Lady Nada. Mais Maître Lanto semblait absent; il était rarement très loin de Saint Germain. C'est alors que le Pèlerin s'est levé, a jeté son habit de Pèlerin et s'est tenu là avec exactement le même type de manteau d'or scintillant que les autres portaient. Il s'est incliné devant nous.

"Mes chers amis," dit-il en nous regardant avec joie, "permettez-moi de me présenter: Je m'appelle Lanto!"

La solennité de l'atmosphère fut dissipée par une aboiement de Lissa. Tout le monde s'est mis à rire, et il y a eu de la joie et des embrassades tout autour. Je me suis sentie totalement transporté de joie. Ce fut certainement une fin merveilleuse pour nos voyages planétaires. Je connaissais chacun de ces Maîtres et je les aimais comme des frères. Et pour Lydia, Lady Nada était une soeur. D'une certaine manière, nous étions déjà rentrés à la maison.

Saint Germain a commencé à parler: "Nous voulions juste vous offrir quelques mots d'adieu de la part d'Agartha, pour que vous les emportiez avec vous dans votre voyage et que vous vous en souveniez là-haut dans vos royaumes célestes. En vérité, ce n'est pas tant pour vous deux, Lydia et

Jan, que pour mes lecteurs de ce livre. Notre belle Terre va bientôt connaître des temps de tempête et les gens doivent se préparer à tout ce tumulte.

"Comme vous le savez certainement, même si vous ne vivez plus à la surface de la Terre, l'ère du crime, de la haine, de la jalousie et de la soif de pouvoir s'est profondément enracinée, de sorte que la Terre déborde de tristes conséquences. Et c'était donc malheureusement l'intention. À votre insu, les tyrans despotiques, Anunnaki, vous ont gouverné tout le temps jusqu'à présent. Tous les gouvernements de la Terre ont joué de leur flûte; ils ont été les serviteurs fidèles et obéissants du mal personnifié. Cependant, il y a toujours de bonnes personnes, agissant selon leurs propres capacités, qui ne sont pas au premier plan, mais qui sont d'autant plus efficaces dans leurs basses positions. En fin de compte, les Anunnaki doivent se retirer, car la multitude d'alliés de la Terre dans tout l'Univers se sont mobilisés pour apporter les changements nécessaires qui sont énormes.

"La Terre a désespérément besoin d'aide, et celle-ci est en route. Les choses ont déjà commencé à bouger! Lorsque Lydia et Jan reviendront au Royaume des Anges, la Terre sera déjà en plein bouleversement. En attendant, il est impératif que les justes et les non-initiés soient aidés de toutes les manières possibles, et il y a tant de personnes prêtes et désireuses de recevoir de l'aide. Vous en connaissez plusieurs!

Sans le moindre soupçon d'être ce que vous appelleriez "religieux", je dois sincèrement souligner que derrière chaque chose se trouve le Père, qui veut tout remettre en ordre. Le Père, la Source Première, le Grand Esprit, que vous appelez le plus souvent "Dieu", n'est ni Mahomet, ni Bouddha, ni Jéhovah - ni aucune autre divinité de ce genre, sous divers noms, qui siège dans une poche céleste lointaine pour juger, réprouver et condamner. Il n'y a qu'un seul Dieu et une seule Mère/un seul Père, et tant que cela ne sera pas reconnu et accepté sur toute la Terre, il ne pourra y avoir de paix. Une révolution est nécessaire pour y parvenir - et une révolution que vous recevrez!

"Je ne suis pas encore libre de divulguer la manière exacte dont cela va se passer. Comme les planètes de l'Univers mènent leur combat sans armes, la Terre sera prise complètement par surprise. Lentement mais sûrement, les gens comprendront qu'il y a vraiment un Univers habité, qu'il y a plus d'êtres humains que vous qui ne vous veulent aucun mal. Vous avez peur, mais vous n'avez pas besoin d'avoir peur. La peur et la terreur sont tellement répandues par vos médias qu'une attitude complètement différente doit être adoptée. Ils détiennent le pouvoir, mais ils doivent le transformer en quelque chose de bon. L'Amour est le mot de passe qui brillera sur vous depuis le firmament bleu que vous appelez le Ciel. L'Amour régnera sur votre monde entier et préservera dorénavant la beauté magnifique et incomparable de la Terre. Tout le monde chantera l'Amour, parlera de l'Amour, chuchotera de l'Amour, criera de l'Amour, montrera l'Amour et sourira d'Amour envers les autres."

"Comment le racisme, la promiscuité et les autres griefs seront-ils éliminés? Est-ce que quelqu'un s'intéresse vraiment aux mots?" a demandé Lydia.

"Pas seulement des mots, ma chère; il y aura tant d'autres choses qui se passeront," a assuré Lady Nada. "Les malfaiteurs ne parviendront plus à survivre sur Terre. Pour leur part, tout sera fini, et ceux d'entre eux qui ne mourront pas seront exilés sur une autre planète. Il y a beaucoup, beaucoup de planètes, comme vous l'avez peut-être remarqué tous les deux. Ce que vous avez vu n'est qu'une goutte dans l'océan; il y en a beaucoup, beaucoup plus."

"Il faut aussi introduire une autre sorte de musique sur Terre," s'est exclamé Lanto-Pèlerin. "Dans Agartha, on a la chance d'entendre la plus belle des musiques, mais dès que l'on s'élève au-dessus de la surface, nos oreilles sont envahies par le plus horrible vacarme, le plus bruyant, le plus inamical, qui dépeint la musique sous une forme primitive de sensualité charnelle, dans le pire des sens."

Lydia et moi étions tout à fait d'accord.

"La Terre sera restaurée comme prévu," a déclaré M. Saint Germain. "Elle a été créée de manière sublime et reviendra à nouveau à cette ancienne beauté! La Terre sera un lieu où les Amis aiment flâner: Amis les uns des autres, Amis des autres, et surtout, Amis d'eux-mêmes. L'une des plus grandes carences de la Terre est l'incapacité à s'aimer soi-même. Il semblerait qu'il soit très difficile pour les gens de se sentir heureux par rapport à eux-mêmes et à ce qu'ils font. Les humains se punissent eux-mêmes par leur manque d'amour et leur incapacité à s'accepter les uns les autres.

"C'est un domaine dans lequel nous avons désespérément besoin d'aide. Les médias devraient contribuer à nous aider, mais ils ne veulent pas le faire. Il faut aussi changer cela radicalement."

"Il y a certainement beaucoup à faire," ai-je commenté. "Comment apporter du réconfort aux personnes sans rien?"

"C'est est faisable!", a déclaré Lanto. "Lissa est une réconforteuse formidable, et il y en a d'autres comme elle. Tous les humains devraient avoir un animal de compagnie. Les animaux peuvent leur apprendre énormément de choses. Les animaux ont une âme, même si beaucoup disent le contraire. Certains ont une âme individuelle, tout comme les gens, tandis que d'autres ont une âme collective."

Lydia et moi avons été unanimes dans notre accord.

Après tout, nous sommes amis avec Pan!

"En effet! Et en parlant de Pan," s'interpose El Morya, tout à fait à l'improviste, "il est d'ailleurs prévu que lorsque la Terre aura subi sa métamorphose, les Élémentaux de la Nature y existeront de façon visible. Cela vous sera d'une grande aide, car il sera impossible pour les gens de nier leur existence lorsqu'ils pourront les voir de leurs propres yeux physiques."

"La Terre ne sera pas divisée en pays, comme le montre la carte du monde actuelle," s'exclame avec force Melchizedek. "Un ordre complètement nouveau va se mettre en place, avec une coopération totale, comme sur les autres planètes, qui donnera à vos medias autre chose que la méchanceté et les scandales. En outre, chers enfants, sachez que nous ne parlons pas d'un événement qui se produira dans cent ans, mais bientôt, très bientôt. C'est pourquoi ce livre doit être écrit."

"Les gens ne s'en soucient pas et ne se donneront pas la peine de s'en soucier," ai-je intervenu avec lassitude. Je deviens si triste chaque fois que je pense à notre belle Terre, que je considère toujours comme ma maison. Lydia devait être sur la même longueur d'onde, car j'ai vu que ses yeux étaient pleins de larmes.

Melchizedek se leva et s'exclama: "Il n'y a qu'un seul mot qui s'applique à toute la planète Terre, et celui-ci est AMOUR!"

Les cinq Maîtres se levèrent et formèrent un cercle autour de Lydia et moi. Ils se donnèrent tous la main.

Mon tout dernier aperçu de la Terre fut la queue en haillons de Lissa, qui agitait joyeusement celle-ci, symbole du vaisseau amiral qui, avec une vitesse infinie, nous ramena aux Sphères Célestes.

32. Épilogue

Le message de Jan aux lecteurs de ce livre:

C'est ma dernière visite de ce type sur Terre. Mon amie Lydia et moi avons reçu de nouvelles directives en provenance d'autres "latitudes". Pour le plus grand plaisir de Lydia, Lanto-Pilgrim lui a donné un chiot. Il a été si profondément touché par son grand amour pour sa propre Lissa, que lorsque cette dernière a donné naissance à une portée de chiots à Agartha, sur la Terre Intérieure, il a emmené l'un d'entre eux dans nos Sphères Célestes. Une adorable petite chienne, que Lydia a tout de suite baptisée Lillissa.

Nous devons dire adieu à tout contact avec la Terre sous cette forme. Il va se passer tellement de choses avec cette planète, des changements pour le mieux. Peut-être pourrais-je participer activement à ces changements et voir encore une fois la Terre, qui m'a hébergé si longtemps sur sa luxuriante et belle surface. Mais en attendant, il y a de nombreuses tâches ingrates que nous devons supprimer. Lorsque les vents du changement souffleront sur vous, chers lecteurs, rappelez-vous que la nature et l'humanité recevront le plus grand des traitements de beauté.

Nous avons fait des voyages dans l'Univers. Il est maintenant temps pour nous de chevaucher les Rayons de Vérité vers le début d'une Infinité sans fin.

Annexe: Concernant l'Énergie du Point Zéro

D'une manière générale, on peut dire que l'Énergie du Point Zéro est la mer perpétuelle d'énergie qui imprègne toute la physicalité - en fait, toute la création; pas seulement les plans supérieurs et subtils, mais aussi tous les plans physiques.

Y a-t-il plusieurs plans d'existence avec des conditions de vie différentes? Et, si c'est le cas, peut-on se demander: existe-t-il un dénominateur commun pour la manifestation de la vie sur ces plans? Peut-être alors n'est-il pas si étrange que la majorité des physiciens contemporains (qu'ils adhèrent ou non aux physiciens quantiques, aux factions de "Newton-Einstein" ou aux théoriciens de la théorie des cordes) nient l'existence de cette énergie.

Cependant, il y a des scientifiques qui approuvent le concept d'Énergie du Point Zéro, que j'appellerais les "physiciens de demain". Leur monde conceptuel englobe non seulement plusieurs plans d'existence, mais aussi des vitesses superluminiques, dépassant la vitesse de la lumière à l'infini, et une énergie qui se recoupe en tous points. Ces physiciens travaillent sur l'abstraction qui explique scientifiquement comment "voir un monde dans un grain de sable et un ciel dans une fleur sauvage, tenir l'infini dans la paume de sa main, et l'éternité en une heure" (*William Blake*).

Avec ces paroles qui font réfléchir, je vais maintenant tenter d'expliquer ce qu'est l'Énergie du Point Zéro.

De la même façon que l'on croyait au Moyen-Âge que la Terre était complètement plate, l'espace a été considéré comme un immense vide: un espace vide énorme, dépourvu de tout contact entre les corps célestes.

Au XVIIe siècle, les scientifiques ont commencé à faire des expériences pour "recréer" l'Espace. Ils croyaient que s'ils enlevaient tout le gaz d'un récipient, alors celui-ci devenait complètement vide. Cela a ensuite permis de reconstruire l'état que l'on croyait être l'Espace.

Cependant, au cours du XIXe siècle, il est devenu de plus en plus évident que l'énergie cinétique, l'énergie du mouvement, était présente dans le vide. Cela a donné naissance à l'idée que si l'on refroidissait ce récipient jusqu'au zéro absolu (moins 273°C), le rayonnement thermique serait ainsi supprimé. Cependant, lorsque le zéro absolu a été atteint avec succès, on a découvert que le rayonnement restait toujours présent. Autrement dit, l'énergie continuait d'exister à l'intérieur du vide même au zéro absolu.

Cette énergie, ou ces particules, nous entourent en permanence, et nous sommes tous reliés entre nous par leur intermédiaire. Une autre caractéristique des particules est qu'elles échangent des informations beaucoup plus rapidement que la vitesse de la lumière. C'est grâce à ces expériences que la science, via la mécanique et la physique quantiques, a pu prouver l'existence de ce "quelque chose" qui crée un lien imminent et une connexion directe de l'un à l'autre indépendamment de la distance, pour le dire de manière simple.

Précurseurs dans le domaine de l'énergie du point zéro (ZPE)

Le plus grand d'entre eux est sans aucun doute l'inventeur et ingénieur *Nikola Tesla* (1856-1943). Il est né en Serbie, mais a travaillé aux États-Unis pendant de nombreuses années. C'est lui qui a rendu l'utilisation de l'électricité commercialement viable, et ses principes sont à la base de toutes les applications électroniques et électriques que nous avons aujourd'hui. Il a même inventé des appareils fonctionnant à l'Énergie du Point Zéro, qui ont suscité l'opposition et ont été rejetés. Ces appareils attendent encore d'être introduits dans notre société.

Plusieurs inventeurs, aussi bien avant qu'après Tesla, ont reconnu le lien étroit entre la conscience et la science. Ils ont réalisé que la pensée consciente faisait partie de l'équation scientifique qu'ils avaient mis toute leur vie à résoudre. Parmi les premiers précurseurs, on retrouve *Christiaan Huygens* (1629-1695), un alchimiste, mathématicien, astronome, physicien et auteur néerlandais ("Light consists of waves").

Parmi les grands noms qui ont suivi Tesla, on trouve un Américain, le Dr *Henry Moray* (1892-1974), inventeur de la "Moray Valve", un dispositif qui tire son "Énergie Radiante" des "ondes Énergétiques de l'Univers". Le Dr Moray a également parlé d'une mer d'énergie sans limite qui entoure et imprègne toute création. Il a également vu un lien entre l'électricité et la conscience.

Que sont l'énergie du point zéro (ZPE) et le champ du point zéro (ZPF)?

Comme vous l'avez presque certainement compris par tout ce qui a été mentionné jusqu'à présent, il ne s'agit pas d'une énergie facile à capter. Cela est dû aux connaissances et à la capacité intellectuelle limitées que l'humanité possède actuellement. Pour donner une analogie: Ce serait un peu comme essayer de peser un seau rempli d'eau tout en se tenant au fond de la mer.

L'Énergie du Point Zéro est l'énergie des énergies, si vous voyez ce que je veux dire. Elle est notamment la base de toutes les autres expressions de l'énergie; elle construit tout, des manifestations les plus subtiles aux plus criantes. Sheldan Nidle l'appelle "l'Énergie de la Création".

Une propriété importante, qui est difficile à accepter pour la majorité des universitaires établis dans le monde, est que l'Énergie du Point Zéro est consciente. Elle est capable à la fois de manifester sa "propre" intention ou objectif et de soutenir l'intention ou l'objectif d'une énergie plus complexe (par exemple, une pensée focalisée, une énergie de pensée dirigée).

Puisque la ZPE est une énergie consciente, et qu'elle est le fondement et les éléments constitutifs de toutes les manifestations, cela indique que toute matière est consciente, et que toutes les expressions de l'énergie ont aussi une conscience. Cela comprend la lumière du soleil, le rayonnement des arbres et la radioactivité du minerai d'uranium. Le poète William Blake a correctement fait référence à une nature animée, même si dans cet article nous préférons parler de pensée ou d'intention dirigée et consciente. La philosophie orientale appelle la ZPE "Prana" et "Ki", ce qui lui confère une connotation plus spirituelle.

Comme nous l'avons conclu, étayer la ZPE à l'aide d'autres outils serait une sorte de course folle, puisque tout est composé de ZPE. Nous devrions donc plutôt nous concentrer sur la signification des caractéristiques, des traits, des effets et des possibilités d'utilisation pratique de cette abondance d'énergie de base.

Mais tout d'abord, quelques mots sur le champ du point zéro.

Considérez le ZPF comme un filet dans lequel la ZPE flotte, est coordonnée et est maintenue en place. Une sorte de moule ou de matrice, existant à la fois dans le micro environnement et dans le macro. Vous avez peut-être vu une photographie Kirlian d'une feuille, qui représente l'aura énergétique rayonnant du contour de la feuille? Une observation intéressante est que si vous coupez une partie de la feuille et prenez à nouveau la photo, la nouvelle photo montre que le champ d'énergie original reste intact, la "matrice"/ZPF n'est pas affectée. Elle est manifestement maintenue intacte mais sur un plan différent.

Alors, qu'est-ce qui est venu en premier: la poule ou l'œuf? L'énergie ou le champ? La réponse n'a probablement aucune importance. Le champ organise l'énergie et lui permet de se matérialiser sur un plan d'existence inférieur. Prenez par exemple vous-même: Autour et à l'intérieur de vous se trouve une matrice qui attire, organise et contrôle l'Énergie du Point Zéro à l'intérieur de la myriade de processus de la vie, qui se produisent constamment dans votre corps. Les portails par lesquels l'Énergie du Point Zéro des dimensions supérieures s'écoule dans votre matrice, dans votre aura pour devenir manifeste, sont généralement appelés les *chakras*, dont on considère que treize sont supérieurs et plus puissants.

Un autre exemple de photographies de Kirlian illustrant comment la matrice reste intacte est l'endroit où une main a été amputée.

Propriétés et Caractéristiques

Dans cette section, je décrirai quelques particularités et attributs distinctifs en termes d'allégations plutôt que de preuves. Les preuves au sens traditionnel du terme, c'est-à-dire celles qui sont concluantes sur le plan académique, n'ont aucune importance ici et, dans certains cas, sont totalement absentes. Cependant, vous avez facilement accès à des preuves bien plus adaptées à ce sujet, des preuves qui sont aussi rapides que la ZPE elle-même, c'est-à-dire la réponse immédiate et intuitive de votre cœur! Tenez-en compte, car il n'y a pas de meilleure preuve que celle-ci.

• ZPE est une onde scalaire. Une onde scalaire est une onde stationnaire à cinq dimensions, une Énergie de Point Zéro sur un niveau 5D. Les ondes scalaires n'ont pas de "tenseurs" (c'est-à-dire pas de dimensions, hauteurs, largeurs ou longueurs). Cela vous semble étrange? Cela signifie que ZPE, purement physique, est un point infinitésimal qui ne s'étend dans aucune direction dans la troisième dimension, et qu'une onde scalaire n'est pas mesurable en 3D.

• En effet, ces ondes non linéaires existent bien en 5D, où il n'y a pas d'espace et de temps de la manière linéaire dont nous les percevons en 3D. Mais leur effet se manifeste de manière significative dans notre existence en 3D, où elles existent sous la forme d'une fréquence électromagnétique ultra-haute.

• L'Énergie du Point Zéro est une énergie consciemment créative qui existe partout et qui imprègne toutes les dimensions, des plus élevées, non physiques, aux plus basses, physiques.

• L'Énergie du Point Zéro transforme les particules en ondes et les ondes scalaires en particules.

• La physique moderne ne peut pas expliquer ce qui existe dans 95 % de l'Univers et comment cela affecte les 5 % restants. Toute la matière est créée à partir de ZPE. Toute la physicalité est liée au reste de l'Univers. Tout est lié à tout.

• La science a prouvé expérimentalement, grâce à la mécanique et à la physique quantiques, l'existence de ce "quelque chose" qui relie toutes les choses entre elles et qui est capable d'échanger des informations à une vitesse superluminique.

• En résumé: l'Énergie du Point Zéro est une énergie infinie et sans forme. Elle existe en quantité illimitée, elle est beaucoup plus rapide que la lumière et a une densité énergétique extrême. L'Énergie du Point Zéro dans une zone de la taille d'un proton est équivalente à la masse entière de l'Univers. L'atome est un "espace vide" à 99,99%, rempli de ZPE (source: Lanna Mingo, BS et MS).

• L'Énergie du Point Zéro est essentiellement responsable de la stabilité des atomes.

Ainsi, comment l'énergie du point zéro circule-t-elle entre les dimensions?

Si nous continuons à nous limiter au passage de la 5D à la 3D, de la cinquième dimension physique supérieure à notre dimension, nous avons déjà abordé cette question en ce qui concerne les humains. L'échange ou le transport dans le corps physique se fait par des portails dans le corps éthéré, c'est-à-dire par le *système des chakras*. C'est là que se produit la transition entre les dimensions de cette fréquence d'énergie à ultra-haute densité.

Mais comment cela se passe-t-il au niveau macro? Comment la ZPE entre-t-elle dans notre monde? Eh bien, la réponse est par le biais de véritables "portes des étoiles" ("star gates") ou "portails des étoiles" ("star portals"). Si vous allez sur le lien suivant: www.missionignition.net/bethe/, vous trouverez des illustrations avec des lignes traversant la surface de la planète. Ces lignes sont appelées "ley lines", et les intersections ou nœuds sont parfois appelés "star gates", qui servent d'énormes portails ou portes qui s'ouvrent et se ferment. Lorsque ces portes s'ouvrent, il se produit parfois une distorsion temporelle. Dans certains des portails les plus puissants, on les appelle parfois des triangles (par exemple, le triangle des Bermudes), où des choses assez étranges se seraient produites. Les personnes qui s'y sont rendues ont connu des rotations semblables à celles d'une tornade et un genre de brouillard étrange. Lorsque la porte des étoiles est fermée ou en position neutre, il est possible de survoler ou de naviguer en toute sécurité dans la zone sans que rien ne se passe. Mais lorsque la porte s'ouvre, la distorsion temporelle mentionnée précédemment est susceptible de se produire.

Par ces nœuds, ces portails, l'Énergie du Point Zéro

entre dans notre monde et crée tout ce que nous voyons autour de nous. Nous pouvons donc dire que la matière est de la lumière comprimée, et la lumière que nous pouvons voir à l'œil nu est aussi une ZPE qui est passée de la réalité 5D à notre réalité 3D par ces mêmes portes ou portails.

Les dix principaux portails sur la Terre

Ces portails sont positionnés à 19,5 degrés au nord et au sud de l'équateur, cinq de chaque côté. Lorsque l'Énergie du Point Zéro circule à travers ces portails dans notre réalité, une partie de son effet maintient la capacité de la Terre à tourner et la maintient stable. Les portails ne font pas que déformer le concept du temps lorsqu'ils s'ouvrent, ils s'ouvrent et se ferment en séquence afin, entre autres, de maintenir la rotation et la stabilité de notre planète. Si cela n'indique pas que l'Énergie du Point Zéro est porteuse d'intelligence, je ne sais pas ce qui le peut!

Trous Noirs, Matière Noire et Énergie Noire

Depuis l'Homme, en passant par la Terre, jusqu'à l'Espace. Ici, nous sommes confrontés à trois nouveaux concepts: les trous noirs, la matière noire et l'énergie noire.

Selon les physiciens contemporains, un trou noir est une masse corporelle dans l'Univers dont la gravitation est d'une puissance unique, ce qui rend impossible à la lumière ou à toute autre chose de s'échapper de ses frontières. Cela semble-t-il possible?

En étudiant, entre autres, le mouvement des étoiles, on

peut conclure qu'il doit y avoir quelque chose de plus là dehors que l'on ne peut pas voir, ce que nous appelons la *matière noire.*

N'est-il pas plus logique de supposer que les trous noirs sont de gigantesques portes d'étoiles par lesquelles l'Énergie du Point Zéro s'écoule dans notre réalité depuis les dimensions supérieures, et que c'est cette énergie qui maintient la dynamique et la stabilité des galaxies et des étoiles? La ZPE a une fréquence tellement élevée qu'elle ne peut être perçue à l'œil nu ou avec la technologie actuelle; tout devient noir. Cela ne vous semble pas plus réaliste?

Applications Concrètes de l'Énergie du Point Zéro

Divisons grossièrement certaines de ces applications en trois groupes, et ce en fonction de la fraction de ZPE qui est pertinente:

- Énergie paraélectrique

- Énergie de guérison

- Énergie de la force vitale

Énergie paraélectrique. Ce type d'énergie concerne principalement la distribution de "l'électricité domestique" aux appareils ménagers, en plus de la production d'énergie pour les bureaux, les usines et pour la société en général. Des prototypes existent. Une grande partie de son développement a été gardée secrète et étouffée par des forces puissamment influentes dans la société, qui considèrent cette nouvelle technologie comme une menace pour leur propre position d'influence, largement fondée sur le contrôle des sources exploitables de combustibles fossiles de la Terre.

Il est fort probable que nous assisterons avec bonheur à l'effondrement de cette base de pouvoir au cours des prochaines années, ce qui permettra à une nouvelle technologie saine et solide basée sur l'énergie para électrique de voir le jour, formant ainsi les piliers d'une société innovante, saine et prospère.

D'une manière générale, on peut dire que l'Énergie du Point Zéro a un nombre illimité d'utilisations possibles, par exemple comme source d'énergie pour le système de propulsion d'un vaisseau spatial, pour n'en citer qu'une qui pourrait vous faire lever les sourcils et élargir votre esprit. Contester l'existence de tels vaisseaux spatiaux est une chose que ne ferait pas une personne ayant sérieusement étudié ce sujet. Seules les empreintes incroyablement magnifiques, compliquées et très instructives dans les champs de maïs, c'est-à-dire les agroglyphes, sont des preuves suffisantes pour convaincre la plupart des gens. Les vaisseaux spatiaux utilisent la réserve illimitée de ZPE et transforment la lumière à très haute fréquence en de nombreuses dimensions et fractions. Leur propulsion est basée sur la force d'attraction entre les champs d'énergie auto-générés.

Comme la technique repose sur la technologie avancée d'une dimension supérieure où, entre autres, le temps, la distance et l'inertie peuvent être éliminés, elle est encore difficile à comprendre pour l'instant. Cependant, cela peut vous aider un peu en cours de route si vous étudiez le clip vidéo au lien YouTube suivant: www.youtube.com/watch?v=XsuYH1qrBLg

Énergie de guérison. Il existe des moyens, quoique peu nombreux jusqu'à présent, qui introduisent des fréquences de guérison par Énergie du Point Zéro et aident à rétablir l'homéostasie, c'est-à-dire l'équilibre, dans le corps. Parmi ces dispositifs pratiques, on peut citer la baguette AM et d'autres appareils. Une présentation plus détaillée de ces dispositifs peut être trouvée sur les deux liens suivants: www.zeropointglobal.com et:www.wandtheworld.com

Énergie de la force vitale. La différence entre ce type et l'énergie de guérison est minuscule, mais les appareils qui utilisent cette gamme de fréquences agissent pour renforcer votre bio-champ, votre aura. Lorsque votre bio-champ est fort, il vous protège contre toutes les formes de "brouillard" électronique: les radiations des téléphones portables, des ordinateurs, des câbles électriques, etc. Le port de bracelets spéciaux ou, surtout, de pendentifs, vous protégera. Les pendentifs AM qui fonctionnent en résonnant avec et en activant la ZPE dans toutes les directions sont actuellement les leaders du marché dans ce domaine. Cela permet d'organiser et de renforcer votre champ bioélectrique et de rétablir votre homéostasie à son état naturel et équilibré.

Dans ces applications et d'autres similaires, il existe des dispositifs qui peuvent éliminer la douleur et redonner de la vigueur aux gens, améliorer la santé des animaux, faire pousser les plantes plus rapidement et plus largement, en plus d'enrichir le contenu nutritif des aliments. En outre, l'amélioration de la santé mentale peut être obtenue en appliquant la fréquence correcte de ZPE. Les gens peuvent se sentir plus calmes, plus détendus, plus heureux et joyeux, en plus de dormir plus profondément.

Le Consensus Général des Physiciens Contemporains

Même si un nombre toujours plus important de physiciens deviennent curieusement désireux de mener des recherches sur l'Énergie du Point Zéro, ils sont encore très peu nombreux. La majorité nie son existence et ne sent pas qu'elle est à la veille d'un changement de paradigme révolutionnaire.

Une distinction importante est que les physiciens d'aujourd'hui ne peuvent pas accepter que l'énergie puisse être consciente; ils ne concèdent pas non plus que l'intention intelligente soit une composante principale, ni que nous ayons affaire à une énergie intelligente et que la ZPE soit ce qui maintient un Univers intelligent. Bien au contraire, la majorité des physiciens contemporains considèrent que toute matière est morte.

La physique moderne estime qu'un champ d'énergie est incapable de créer un effet à de plus grandes distances, s'il n'y a pas de matière au sein de laquelle on peut créer un effet. S'il n'y a pas de matière, ils sont assez désorientés. Comme cela a déjà été mentionné: la physique moderne ne peut pas expliquer ce qui existe dans 95% de l'Univers et comment cela affecte les 5% restants.

Plus d'Informations sur la Physique de Demain

Il existe une autre science qui est en train de gagner rapidement du terrain, qui s'oppose clairement à beaucoup de choses dans la théorie des cordes et à beaucoup de choses qui lui sont associées, et qui s'oppose également à ce qui est étroitement aligné avec la plupart des théories de la physique théorique moderne. Nous faisons allusion à une science de plus en plus consciente qui reconnaît la conscience de l'Énergie du Point Zéro, une science qui proclame que nous devrions regarder au-delà de Newton ou d'Einstein, ou même de la physique quantique, et que nous devrions plutôt nous concentrer sur le développement d'une nouvelle science qui décrit la vraie nature de notre réalité physique.

Cette nouvelle science ou physique est une science des fractales, des hélices, une science qui considère l'ensemble du processus sous un angle complètement différent, en considérant la conscience comme une composante, un élément de soutien, et qui englobe tout cela dans la science de la physique.

Au fur et à mesure que les lumières augmentent, le besoin d'un changement de paradigme s'intensifie et nous allons progresser vers la physique consciente comme mentionné ici. La physique traditionnellement établie exige des mesures objectives, c'est-à-dire que si elle ne peut être mesurée, alors elle n'existe pas. Mais beaucoup, dont quelques-uns ont été nommés dans cette compilation, ont conclu par une confirmation frappante que cette énergie existe réellement, et sont parvenus à la mesurer. Par conséquent, nous disposons d'une pierre angulaire physique qui peut être et a été mesurée. Elle peut être utilisée par l'humanité pour faire évoluer la science, et même embrasser la réalité non physique. Cette nouvelle science peut être intégrée dans un contexte plus large, à savoir dans la science de la conscience, une science qui combine les aspects physiques avec la science de la vie.

[Cette annexe est un extrait d'un article écrit par *Karl-Gustav Levander*, qui s'est inspiré et a tiré des informations factuelles de la conférence DVD de Sheldan Nidle, "Zero Point, The Endless Sea of Energy" (www.paoweb.com), parmi d'autres sources.]

CPSIA information can be obtained
at www.ICGtesting.com
Printed in the USA
BVHW061322030621
608739BV00001B/127